山田邦紀
Kuniki YAMADA

［増補改訂版］

ポーランド孤児・「桜咲く国」がつないだ765人の命

kraj kwitnącej wiśni

現代書館

まえがき

ポーランド共和国は世界でも指折りの親日国である。いや、もしかしたら世界一といってもいいのかもしれない。ポーランドに住んだり旅したりした多くの日本人が「なぜこれほど日本人に親切なのか」と感激するほどだ。日本のことを「桜咲く国（Kraji Kwitnącej wiśni）」という美しい言葉で呼ぶのはおそらくポーランド人だけだろう。東欧の国ポーランドと極東の日本は遠く離れているのに、これはいったいどういうことなのか。

距離的には遠く離れているポーランドと日本だが、近現代史において実は思った以上に深い関係にある。

たとえばアウシュビッツ強制収容所で自ら身代わりを申し出てナチスに殺されたコルベ神父は六年間に亘って長崎で布教活動を行っていたし、コルベ神父とともに来日したゼノ修道士は自分も長崎で被爆しながら大勢の被爆者、戦争犠牲者のためにその生涯を捧げた。のちにポーランド大統領になるレフ・ワレサ氏が「連帯」運動を始めた際、最初の外国訪問先に選んだのも日本だった。

こうした関係の根底にあるのが本書で取り上げるポーランド孤児、ポーランドの人たちのいうシベリア孤児救済の出来事で、両国交流の象徴として多くのポーランド国民に知られている。コルベ神父が来日したのも、そもそもはポーランド孤児がきっかけだった。

一九二〇（大正九）年と一九二二年の二度、祖国から遥か遠く離れた酷寒のシベリアからポーランドの孤児たち計七六五人（七六三人説も）が日本赤十字社の手で救出された。

孤児たちは日本国民の同情が集まる中、東京（第一回目の救済）と大阪（第二回目の救済）で保護されたあと、無事に祖国ポーランドに帰り着くことができたのだ。

地図を見ればわかるが、シベリアはポーランドから数千キロも離れており、なぜここに大勢のポーランドの子供たちがいたのか、それも本書で書きたかったことの一つだ。ロシアに対するポーランド国民の幾多の蜂起の歴史が関係しているのだ。

帰国後、孤児たちは日本との親睦を目的に「極東青年会」という団体を設立、ワルシャワの日本大使館との交流を重ねた。彼らは終生日本のことを忘れず、事あるたびに日本の童謡「うさぎとかめ」を歌っている。

また第二次世界大戦ではイエジ・ストシャウコフスキという孤児を中心に「イエジキ部隊」なる部隊を組織、ワルシャワ蜂起（一九四四年）などナチス・ドイツに対して激しい地下抵抗運動を繰り広げた。

孤児たちのことは、ポーランドという国の悲劇的な歴史を抜きにしては語れない。現在はEUとNATO条約の加盟国として着実に発展しているポーランドが過去にどんな過酷な経験をしてきたのか、自由と独立を求めるポーランドの人たちがどれほど勇敢にそれらの試練に立ち向かったのか、ポーランド孤児救済の物語を通して少しでも伝えることができればと思う。

ポーランド孤児・「桜咲く国」がつないだ７６５人の命〈増補改訂版〉＊目次

まえがき　1

第一章　人道の港 9
杉原千畝「命のビザ」 9　難民、敦賀に上陸 13　一〇万人を救ったラウル・ワレンバーグ 15　難民救済船の最期 18　東の玄関口 20　英公使パークス来敦 21　スチーブンソンと吉田松陰 23　念願の開港場指定 25　欧亜連絡国際列車 27　与謝野晶子、敦賀からパリへ 30

第二章　日本とポーランド 33
ポーランド分割 33　怒り狂うロシア 36　消された国家 39　東海散士と福島安正 41　ポーランド懐古 45　義和団事件から日露戦争へ 47　ピウスツキとドモフスキ 48　ピウスツキ、初代国家主席に 51　もう一人のピウスツキ 53

第三章　シベリア流浪　57

起ち上がるポーランド　57　十一月蜂起とショパン　60　国民詩人・ノルビット　62　追われてシベリアに　64　革命と内乱　66　チェコ軍の反乱　70　日本、シベリアに出兵　72　ポーランド救済委員会　75　頼みのアメリカ赤十字が撤退　78　尼港事件が勃発　81

第四章　孤児救済Ⅰ　84

武者小路公共のアドバイス　84　惨また惨　86　日赤の決断　88　第一陣が敦賀上陸　90　常盤御殿のおばばさま　93　東京・福田会に収容　96　松沢看護婦の殉職　99　公教青年会と毛利公爵母堂　103　孤児、誘拐される　106　貞明皇后の行啓　109　アメリカへ　112

第五章　孤児救済Ⅱ　117

残された二〇〇〇人の孤児　117　シベリア鉄道の悲劇　120　二回目の孤児救済へ　123　近づくシベリア撤兵　124　孤児たち、次々に大阪へ　127　天王寺動物園に大喜び　130　神戸から祖国へ　133　祈る孤児たち　137　日本恋しさに脱走　140　ロシア児童を救え！　143　日本船・陽明丸の活躍　146

第六章　極東青年会と野口芳雄　149

最後の救済事業　149　ヴェイヘローヴォ孤児院　152　ポーランドからの手紙　154　「君が代」と「うさぎとかめ」　157　ワルシャワで親日団体が発足　161　恩人との再会　163　ハルビン学院　167　東郷茂徳に呼ばれモスクワへ　171　不誠実だった松岡洋右　174　公表された「野口メモ」　177　ご機嫌なフルシチョフ　180　命がけの大仕事　182

第七章　ポーランド消滅　186

襲いかかるヒトラー　186　「欧州は発火せり」　188　遅れた英仏の宣戦布告　191　首都脱出　193　独ソの秘密議定書　196　秘密裡に孤児部隊を結成　198　ポーランド人が守った日本大使館　201　バトル・オブ・ブリテン　204　ゲシュタポに逮捕された元孤児　206　長崎とコルベ神父　209　身代わりを申し出る　213

第八章　地下水道の戦い　217

ゲットーに押し込められるユダヤ人　217　ユダヤ人絶滅を決定　220　コルチャック先生の死　223　ワルシャワ・ゲットー蜂起　226　カチンの森　229　ワルシャワ蜂起　232　イエジキ部隊の苦戦　236　カンピノスの森へ　238

第九章　残照　242
『灰とダイヤモンド』　242　イエジ、六十一年ぶりに日本へ　245　七十五年前の恩返し　248　託された孤児たちのメッセージ　251　両陛下との対面　254
第十章　それから　260
シベリア孤児記念小学校　260　福田会とポーランドとの絆が復活　263　孤児の子孫が来日　266　ナチスに処刑された曾祖父　269　父親の足跡をたどる　273
ウッジの六月蜂起　275　ヴェイヘローヴォ会議　278
引用および参考文献　281
関連年表　288
あとがき　289

現代のヨーロッパとポーランド

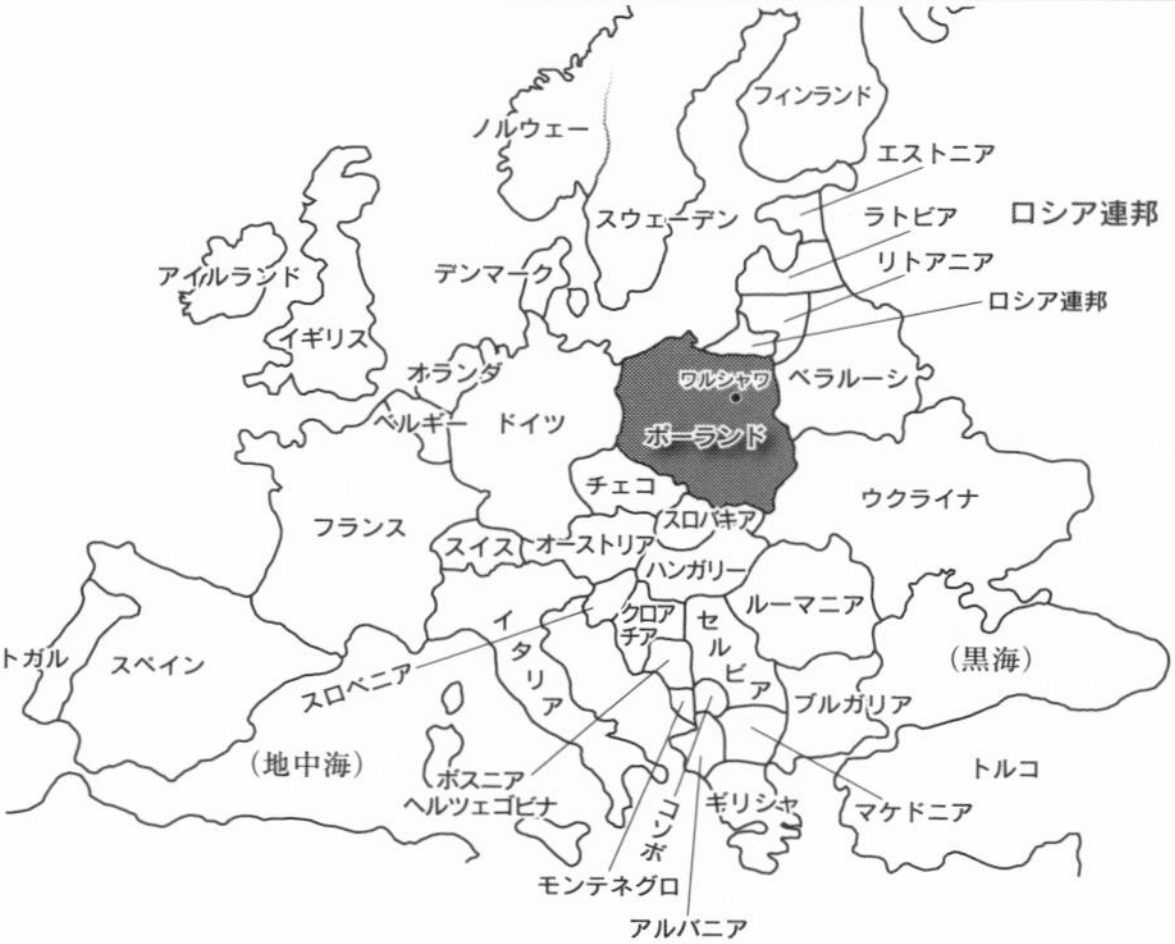
ノルウェー
フィンランド
エストニア
スウェーデン
ラトビア
ロシア連邦
アイルランド
デンマーク
リトアニア
ロシア連邦
イギリス
オランダ
ワルシャワ
ベラルーシ
ベルギー
ドイツ
ポーランド
チェコ
ウクライナ
スロバキア
フランス
スイス
オーストリア
ハンガリー
ルーマニア
クロアチア
セルビア
イタリア
ポルトガル
スペイン
（黒海）
スロベニア
ブルガリア
（地中海）
トルコ
ボスニア
ヘルツェゴビナ
コソボ
ギリシャ
マケドニア
モンテネグロ
アルバニア

現代のポーランド

バルト海
ロシア
（カリーニングラード州）
ヴェイヘローヴォ
グダニスク
ベラルーシ
ポーランド
プオツク
ブク川
ドイツ
ワルシャワ
ポズナニ
ヴィスワ川
ウッジ
（ウッチ）
ルブリン
ウクライナ
クラクフ
チェコ
スロバキア

第一章　人道の港

杉原千畝「命のビザ」

二〇〇八（平成二十）年三月二十九日、福井県敦賀市の敦賀《つるが》湾に面した金ケ崎緑地に「人道の港　敦賀ムゼウム」が開設され、命と平和の問題を考える貴重な場所として大勢の来館者を集めている。来館者数は初年度から早くも一万人を超え、現在は年間一万五〇〇〇人に達する勢いだ。地元はもとより県外からの訪問者も多く、外国人の姿も珍しくない。

「ムゼウム」とはポーランド語で「資料館」の意味。同館には「ユダヤ人難民コーナー」、「杉原千畝《ちうね》コーナー」、それに本書で詳述する「ポーランド孤児コーナー」や「交流コーナー」など、ポーランドに関連する展示室が設置されている。

古くから大陸への玄関口として知られている敦賀港は、一九四〇（昭和十五）年、杉原千畝（一九〇〇〜一九八六）の「命のビザ」を握りしめた六〇〇〇人ものポーランド系ユダヤ人が上陸した港で、ポーランドとの縁が深い。

第二次世界大戦中、駐カウナス（欧州リトアニア）日本領事館副領事の杉原が自分の責任で人道的な立場から多くのユダヤ難民に日本の通過ビザを発給したおかげで、六〇〇〇人ものユダヤ人難民がナチス・ドイツの手から逃れた話はよく知られているが、この六〇〇〇人のユダヤ人難民はシベリア鉄道でソビエトを通過、ウラジオストクを経由してすべて敦賀に上陸したのだ。以下、ユダヤ人難民と杉原千畝について簡単に紹介してみる。

「人道の港　敦賀ムゼウム」（現在はリニューアル）

一九三九（昭和十四）年九月一日、ナチス・ドイツがポーランドに電撃侵攻、さらに同月十七日にはソ連軍がポーランドに雪崩込み、ポーランドのユダヤ人たちは行くあてもなく立ち往生してしまった。ユダヤ人根絶政策を進めていたナチス・ドイツは、さらにデンマーク、ノルウェー、オランダ、ベルギー、フランスと次々にヨーロッパ諸国に侵攻したため、ユダヤ人たちは追い立てられて難民化、多くの人たちがソ連に隣接する中立国のリトアニアに逃げ込んだ。

ヨーロッパを塞がれた彼らにとって唯一の逃避ルートはシベリア経由で日本に渡り、そこから第三国を目指すことだが、ソ連がリトアニアに進駐、これを占拠するとなれば、

「人道の港　敦賀ムゼウム」の展示
（大きく写っているのは杉原千畝）

もう国外に出るチャンスはない。ソ連のリトアニア併合は目前と見られており、そうなれば殺されるか、さもなくばシベリアに送られて重労働を課せられるのが必至だった。

　そこで彼らは一刻も早くリトアニアを脱出しようと、日本の通過ビザを発給できるカウナスの日本領事館に押し寄せた。カウナスはバルト海に面したリトアニアの首都である。

　一九四〇年（昭和十五）年七月十八日木曜日、カウナスの日本領事館前には早朝から大勢の人たちが集まっていた。領事館の建物の周りをびっしりと埋め尽くすほどの人数である。領事館副領事（代理領事）の杉原千畝が事情を聞くと、群衆たちはみんな日本通過のビザ発給を求めているユダヤ人難民であることがわかった。しかし数人分程度であれば自分の権限でビザを発給できるが、こうも大勢となると本国の許可が必要となる。杉原はすぐさま外務省に実情を打電し、判断を求めた。だが外務省の許可は出ず、再度の問い合わせに対する返事も「ビザ発給は不可」。最終目的地の入国許可を持たない者にはビザは出すなということだった。

　しかし目の前にいるユダヤ人難民たちを見殺しにはできない。悩んだ末に、杉原千畝は家族

（幸子夫人、幸子夫人の妹・節子、長男・弘樹、次男・千暁、三男・晴生）を危険に巻き込むこと、訓令違反で処分されることも覚悟のうえでビザ発給を決断する。それは敦賀経由・キュラソー島（カリブ海のオランダ領）行きのビザで、この方法があることを杉原はリトアニア駐在オランダ領事館のヤン・ツバルテンディク領事から教えてもらっていた。戦争による領事館の閉鎖が迫るなか、杉原副領事は七月二十九日から大量のビザ発給を開始する。ひとりでも多くのユダヤ人難民を救うため一日平均三〇〇人の発給ノルマを自らに課して書き続けた。万年筆の先はすぐに折れ、新しい万年筆で指にマメを作りながらの作業だ。八月二日には外務省より領事館退去の命令が出たため市内のメトロポールホテルに移動、そこでもビザを発給し続ける。翌日の三日には予想どおりソ連がリトアニアを併合した。杉原副領事は九月一日にベルリンに向かうことになるが、その間、昼食も摂らず、ソ連からの退去命令が激しくなるなか朝から晩まで休みなくペンを動かした。ベルリン行きの汽車のなかでも通過ビザに代わる「渡航証明書」を書き、窓から身を乗り出してユダヤ難民に渡している。

ついに汽車が動き出した。杉原副領事は「許してください。私にはもう書けない。みなさんのご無事を祈っています」と苦しそうにいい、ホームに立つユダヤ難民たちに深々と頭を下げた。あとでわかったが、カウナスに残ったユダヤ人はソ連軍にすべて殺されたのだった。

難民、敦賀に上陸

杉原ビザで救われた難民たちは、しかしスムーズに敦賀までたどり着いたわけではない。駐在ウラジオストク総領事代理の根井《ねい》三郎に対し、日本政府・外務省は難民を敦賀行きの連絡船に乗せるなと通達してきた。行先の入国手続きが完全なものかどうか確認し、そうでない者は「本邦船に乗船せしめず、仮に乗船すとするも、上陸を許可せざることとせり」、つまるところ「杉原ビザ」を認めるなというのだ。

これに対し根井は反論した。「いったん日本の公館が発給した通過ビザにいまさら疑念を挟むのは帝国在外公館ビザの威信にかかわる」と、あえて全員を乗船させた。根井と杉原千畝はハルビン学院の同窓生である。正確にいうと、杉原はのちにハルビン学院になる日露協会学校の特修科を一九二三（大正十二）年に修了、根井は翌大正十三年同校を第二期生として卒業している。日露協会学校がハルビン（哈爾濱）学院と名称を変えるのは一九三三（昭和八）年だ。つまり杉原は学校の一年先輩に当たり、このことも根井が杉原を擁護した大きな理由になったのではなかろうか。

杉原千畝の発給したビザは二一三九枚となっている。ビザは家族単位で発給されるので、一家族三人として、このビザで救われたユダヤ難民はおよそ六〇〇〇人と見られる。また『敦賀市通史』でも、一九四〇年十月から翌四一年四月までの七カ月間に上陸したユダヤ人は三九〇一人となっており、前後を含めればやはり約六〇〇〇人と見るのが妥当だ。根井三郎の助力もあって「はるぴん丸」「天草丸」「気比丸《けひ》」などに乗り込んだ難民たちはようやく敦賀に上陸、住民に温かく迎えられた。

ユダヤ人難民と敦賀市民との間には、いくつもの心温まるエピソードが残っている。ある少年は難民に果物籠を渡し、決して代金を受け取らなかった。港に近い銭湯は難民に浴場を無料開放した。また駅前の時計屋の主人は、彼らが空の財布を見せて空腹を訴えたので、気の毒に思って彼らの所持していた時計や指輪を買い取り、台所にあった食べ物を渡している。二〇〇三（平成十五）年六月に敦賀市を訪れた駐日イスラエル大使館の参事官ギル・ハスケル氏は、「敦賀は天使が降りた街です。私たち国民は、何百年経とうと決して敦賀を忘れません」と語っている。

大勢のユダヤ人難民が敦賀に次々とやって来たことは住民たちにとっても大事件で、地元紙の『福井新聞』は「難民部隊続々敦賀に上陸　欧州の戦渦を逃れて」（昭和十六年二月十五日）、「ユダヤ人の氾濫で敦賀駅案内が困惑」（同年三月八日）など、いくつもの記事を掲載している。また昭和十六年六月四日から六日まで、『大阪朝日新聞』は「世界の〝敦賀〟」という記事を連載しているが、そこでも「外客忽《たちま》ち三百倍　便船毎に悲喜の国際話題」、「主流は外交官と商人　旅路は侘し落魄《らくはく》のドルと流民」など、敦賀に入港したユダヤ難民たちの様子を生々しく伝えている。

ちなみに同紙の三回目（六月六日）の記事「街を彩る〝ロシア調〟日本海も狭し大築港の設計」では、中等学校としては珍しくロシア語を教えている敦賀商業（現在の敦賀高校）のことを取り上げ、「この間松岡外相の渡欧に随行した野口芳雄氏はここの露学部の出身である」と写真付きで報じている。

松岡洋右（一八八〇～一九四六）外相はこの年三月に訪欧、ドイツ・ベルリンで日独伊三国同盟の強化や対ソ関係についてリッペントロップ外相やヒトラー総統と会見するが、その行き帰りにソ連に立ち寄り、帰途の四月十三日にスターリンとの間で日ソ中立条約を締結している。ついでに書いておくと、ドイツではヒトラーがすでにこの時点でソ連との開戦を決意していたが、松岡には一言も漏らさなかった。

敦賀出身の外交官・野口芳雄（一九〇四～一九九八）はこのとき外務省外交官補として松岡に随行、ソ連のスターリン書記長やモロトフ外務人民委員との会談の通訳を務めた。

一〇万人を救ったラウル・ワレンバーグ

松岡訪欧団の外務省関係の随員は全部で一二人だったが、首席随員を務めたのが外務省欧亜局長の阪（坂）本瑞男《たまお》。のちスイス公使として終戦工作に奔走したことで知られる。阪本は福井県三国町出身の作家、高見順（本名は高間芳雄）の異母兄にあたる。高見順の母親である高間古代《コヨ》は福井県三国町の旧家の一人娘で、〝三国小町〟といわれたほどの美人だった。芳雄（高見順）を生んでからも独身を貫いた。阪本家の長男瑞男が一高・東大を出て外交官になったので、息子も一高・東大を卒業させて官吏にしようと思ったが、芳雄は一高・東大は出たものの外交官ではなく作家になってしまい、古代をがっかりさせたという。

また阪本瑞男と高見順の父・阪本釤《さん》之助《のすけ》（福井県知事、鹿児島県知事、名古屋市長、貴族院議員などを歴任）の長兄・久一郎の長男が作家の永井荷風なので、荷風と阪本瑞男・高見順は血のつながった従兄弟同士になる。さらにいえば阪本瑞男の妻は伯爵・川村鉄太郎（明治時代の海軍大将・川村純義《すみよし》の息子）の長女・艶《つや》子。川村鉄太郎の三女・武子は西竹一《たけいち》（一九〇二～一九四五）と結婚しているから、阪本と西竹一とは義理の兄弟になる。西竹一は一九三二（昭和七）年のロサンゼルス・オリンピックに参加、馬術の障害飛越で優勝、「バロン西」と呼ばれた。一九四五年三月二十二日、硫黄島で戦死。

阪本瑞男の部下の一人としてメンバーに加わった野口芳雄はハルビン学院の卒業生で、根井三郎の一級下（第三期生）だ。彼については杉原千畝との関係を含めのちに詳述する。

敦賀に上陸したユダヤ難民の大半は、日本で唯一のユダヤ人組織「神戸ユダヤ協会」を目指した。しかし彼らの持っているビザはあくまで通過ビザだったため日本に長期滞在することは許されず、在日ユダヤ人で構成された難民委員会のメンバーは、東京にある各国大公使館に難民受け入れを懇願して歩き回った。当時、ほとんどの国が難民受け入れを拒否するなか、全面的に援助したのがポーランド大使館。このとき祖国ポーランドはすでにドイツとソ連に占領されていたが、ロンドンにある亡命政府の在日公館として機能しており、その世話で多くのユダヤ人難民がアメリカ、オーストラリア、パナマ、ブラジル、アルゼンチンなどへ旅立って行った。

「人道の港　敦賀ムゼウム」のユダヤ人難民コーナー、杉原千畝コーナーには、こうしたユダヤ難民へのビザ発給から敦賀上陸までの経緯が、杉原千畝の人となりとともに紹介されている。

二〇一〇年九月に、その「敦賀ムゼウム」をスウェーデン在住の映像作家が訪れ、同館や港などを取材している。スザンヌ・コンチャ・エムリッヒという女性で、ユダヤ人難民に「命のビザ」を発給して救った杉原千畝のことを知り、スウェーデンの放送番組で紹介しようと訪日した。スウェーデンでは杉原と同じく多くのユダヤ人難民を救った同国の外交官、ラウル・ワレンバーグが知られているが、スザンヌ女史は「日本でも人道的な行いがあったことに感激している。多くの人に知ってほしい」と語っている（同年九月二十二日付『中日新聞』）。

ワレンバーグは一九四四年七月にナチス占領下にあるハンガリーの首都ブダペストに赴き、三十数軒の「セーフハウス」と名付けた家にスウェーデン国旗を掲げてユダヤ人を保護。食糧や医療の提供のほか、パスポートに似せた身分証明書を独自に発行したり、場合によってはナチスに賄賂を贈ったり逆に脅したり、あらゆる手段を使って難民を救った。わずか六カ月間で一〇万人ものユダヤ人を救出している。ブダペストは一九四五年一月十七日、ソ連軍によって解放されるが、残ったユダヤ人の飢えや病気の問題、あるいは行方不明者や離散家族の捜索などについてソ連軍との交渉に出かけたまま、ワレンバーグは姿を消した。これまでにわかっているのは十九日にソ連軍に逮捕されて秘密警察に連行されたこと、二月六日にモスクワの中央刑務所に移され、ドイツ降伏後は別の二つの刑務所に入れられたことなどである。射殺されたともいわれるが、真相はいまだに闇のままだ。

難民救済船の最期

杉原千畝は一九四七（昭和二十二）年、本国の指示に従わずにビザを発給した「訓令違反」の責任を取らされて外務省を退職した。しかし外国での杉原への評価は高く、一九八五年にイスラエル政府は「諸国民の中の正義の人」として表彰している。また一九九一（平成三）年にソ連から独立したリトアニアには「スギハラ通り」もできている。外務省で杉原千畝が復権するのは一九九一年十月。鈴木宗男・外務政務次官は外務省飯倉公館に杉原幸子夫人を招き、「ほぼ五十年にわたり外務省との意思疎通を欠いたのは不幸なこと。申しわけありません」と謝罪した。しかし小和田恒《ひさし》・外務事務次官（当時）は、外務省が詫びる必要はないと、幸子夫人との会談そのものに反対した。小和田氏は雅子皇太子妃の父である。

ここでウラジオストク―敦賀間で活躍した難民救援船について記しておく。それぞれの船は数千人ものユダヤ人難民を運んで使命を果たしたが、その後、悲劇的な最期を迎えている。まず「気比丸」は一九四一（昭和十六）年十一月五日、日本海でソ連の浮遊機雷に触れて沈没し、一五六人が死亡した。「はるぴん丸」は陸軍に徴用されていた一九四二年一月十日、海南島沖で雷撃により沈没。さらに「天草丸」は一九四四年十月二十二日に東シナ海上で雷撃を受け、船員五七人、船客四九八人とともに海底に沈んだ。（「記録　ユダヤ難民に〝自由への道〟をひらいた人々」、日本交通公社『観光文化』二〇〇一年十一月号）

一方、「人道の港　敦賀ムゼウム」の「ポーランド孤児コーナー」では、一九二〇（大正九）年と一九二二（同十一）年の二回、シベリアにいた数百人のポーランドの孤児たちが日本赤十字社によって救出され、敦賀に上陸したいきさつが説明・展示されている。ユダヤ人難民が敦賀に上陸する二十年前だ。このときも敦賀の住民たちは孤児たちを歓迎、菓子や玩具、絵はがきなどを差し入れたほか、宿泊・休憩所などの施設を提供している。

このポーランド孤児、そしてユダヤ人難民たちを迎え入れた敦賀の住民たちの様子を展示したのが「交流コーナー」だ。敦賀港が「人道の港」と呼ばれ、資料館に「ムゼウム」というポーランド語が使われたゆえんである。ではユダヤ人難民やポーランド孤児との交流の舞台となった敦賀港とはどんな所なのか、少し紹介してみる。

東の玄関口

敦賀港は三方を山に囲まれた天然の良港で、古くから日本海屈指の港として栄えてきた。古代は日本三大要津の一つとして、日本海中部以西はむろんのこと、渤海《ぼっかい》（中国東北部・沿海州・朝鮮半島北部を支配した国。六九八〜九二六）など大陸との交通拠点として重要な位置を占め、平安時代初頭には渤海を中心とした大陸との通交のため「松原客館」が置かれている。これは迎賓館、検疫所、貿易取引拠点を兼ねた施設だ。古代、大陸からの西の玄関口が太宰府（古代、律令制のもと九州諸国を統括した役所。外交・軍事も担当した）なら、東の玄関口は敦賀だったわけだ。また陸路も発達、京都への官物輸送の中継拠点としても日本海側第一の港であった。背後は山地だが、南部山間からは容易に琵琶湖北岸に達することができるからだ。

戦国時代末期頃からは東北地方や北海道、千島《ちしま》との交易拠点港として栄え、千石船がしきりに往来した。最盛期の一六六四（寛文四）年には年間二六七〇艘が入港、米七五万五〇〇〇俵、大豆一〇万俵が陸揚げされた。港の近くには間口五〇メートル、奥行き九〇メートルもある豪商の店舗があったというから当時の繁栄ぶりが想像できる。井原西鶴《さいかく》（一六四二〜一六九三）は一六八八（元禄元）年に刊行した『日本永代蔵』のなかで当時の港町敦賀の様子を描き、敦賀を「北国の都」と呼んでいる。その翌年八月には『奥の細道』で東北・北陸を旅して来た松尾芭蕉が敦賀を訪れ、「名月や　北国日和　定めなき」「寂しさや　須磨にかちたる　浜の秋」などの句を詠んでいる。

河村瑞軒《ずいけん》（江戸時代の商人・土木家。一六一七〜一六九九）によって西廻り航路（日本海沿岸から西へ進み下関・瀬戸内海を経て大坂に至る航路）が整備され始めると敦賀への北国からの入津船や入津米は減少するが、やがて「松前物」と呼ばれる蝦夷地（北海道）のニシンや昆布の入荷が増えてくる。当時、松前物は近江商人に独占されており、彼らの根拠地である近江に運ぶため敦賀や小浜まで海上輸送され、さらに琵琶湖畔を経由して近江をはじめ東海・近畿地方に売り捌かれていった。これら松前物は北前船《きたまえぶね》（江戸中期から明治初頭にかけ、北海道と大坂を結んで西廻り航路を往来した廻船）で運ばれ、敦賀にも新興北前船船主たちが多数登場する。寛政期（一七八九〜一八〇一）以降、北前船は最盛期を迎える。

しかし、やがて蒸気船の登場で北前船の時代は終わりを告げ、敦賀港にも沈滞期が訪れる。海運業から撤退する業者も相次いだ。

英公使パークス来敦

幕末期の慶応年間に入ると、敦賀にもにわかに明治維新への動きが押し寄せて来る。まず長州征伐（一八六四年及び一八六六年に江戸幕府が長州藩に対して行った征討）で下関海峡への通航が不自由になったことから、敦賀港への入津船が急増した。続いて一八六六（慶応二）年九月十五日、突然イギリス船が敦賀湾に現れた。イギリス人は翌十六日に上陸、沖合でしけに遭い帆綱・舵を傷めたのでその修理のため寄港したことを述べ、米や鶏、卵、ネギなどを要求した。

そんなときに敦賀へやって来たのが英国の駐日特派全権公使ハリー・パークス（一八二八～一八八五）。

パークスは一八六七年三月二十八日、フランス、アメリカ、オランダの各公使たちとともに江戸幕府最後の将軍となった徳川慶喜《よしのぶ》に大坂城で拝謁、その後四月十三日に老中板倉勝静《かつきよ》に敦賀行きの許可を出させた。そして二日後の四月十五日、男五人女一人の計六人で大坂を出発、大津から西近江路を通って十七日に敦賀へ入った。一行には一〇人余りの幕吏が付き添っていた。敦賀では永建寺を宿舎とした。

永建寺は禅宗の寺で、水戸藩の尊攘派・天狗党の乱の際、幕命により藤田小四郎や武田耕雲斎などの処分のため来敦した幕府若年寄田沼意尊《おきたか》が本陣と定めた所だ。天狗党の乱は一八六四（元治元）年三月、水戸藩の尊攘派である天狗党（首領は藤田小四郎）が朝廷の攘夷延期に不満を抱いて筑波山に挙兵した事件で、一時は勢力を得たもののやがて幕府の追討を受けて敗走、一橋慶喜を頼って上洛する途中で加賀藩に降伏し、翌一八六五（慶応元）年、敦賀で処刑された。刑死者は三五三人（犠牲者を祭るため明治に入ってから作られた松原神社には、戦死・戦病者合わせて四一一人が眠っている）。パークスが敦賀を訪れたのは天狗党処刑の二年後である。

周辺視察ののちパークスが敦賀を出発したのは二日後の四月十九日だが、そもそもパークスが敦賀を訪れたのは開港場として敦賀がふさわしいかどうかを調べるためだった。開港場というのは外国との通商貿易を許可された港のことである。

パークスは一方ではイギリスが長期にわたって利益を確保できるよう強圧的な外交で幕府や明治政府を悩ませたが、同時に日本の近代化のため惜しみなく力を注いでもいる。日本の発展に貢献するため、イギリス本国からいわゆる「お雇い外国人」を積極的に供給したのもその一つだ。一八六八（明治元）年から一九〇〇年に至るまで、イギリス系の雇用者数は延べ四三五三人と、フランス（延べ一五七八人）やドイツ（延べ一二二三人）、アメリカ（延べ一二一三人）を大きく凌駕しているのである。

スチーブンソンと吉田松陰

その代表例がリチャード・ヘンリー・ブラントン（一八四一〜一九〇一）だ。ブラントンはスコットランドのアバディーンに生まれ、最初鉄道会社の土木首席助手として鉄道工事に携わっていたが、一八六八年二月、著名な灯台建築家スチーブンソン兄弟社に灯台技師として採用された。そして同年の八月、パークスの斡旋によって明治政府最初のお雇い外国人として来日した。

きっかけは一八六三（文久三）年、長州が下関で外国船を砲撃、これに対して英仏米蘭の連合艦隊が長州に報復戦を挑んで圧勝した事件。下関戦争（馬関戦争）である。連合軍は長州の砲撃が朝廷、幕府の命令によるものであるとして、戦争の賠償金三〇〇万ドルを幕府に求めた。その実行に当たり、賠償金の三分の二を放棄する代わりに連合軍はいくつかの条件を突きつけた（「江戸条約」）が、そのうちのひとつが灯台の建設だった。ことに交渉を主導したパークスは強硬で、一八六六（慶応二）年、灯台を設置する場所についても具体的に幕府に要求してきた。幕府はやむなくこれに応じ、この方針は明治新政府にも引き継がれる。ブラントンはこの灯台建設のためスチーブンソン兄弟社から派遣されて来日、一八七六（明治九）年までの八年間を日本で過ごし、本牧《ほんもく》（神奈川）、樫野埼《かしのざき》（和歌山）、潮岬《しおのみさき》（和歌山）、神子元島《みこもとしま》（静岡）、伊王島《いおうじま》（長崎）、犬吠埼《いぬぼうさき》（千葉）、函館（北海道）、和田岬（兵庫）など日本全国で二六基の灯台を造り、「日本の灯台の父」と呼ばれた。このうち樫野埼灯台は一八九〇年、トルコの軍艦エルトゥールル号が難破した際、生き残ったトルコ人たちが救いを求めてやってきた灯台として知られる。

ところで、これは余談になるが、ブラントンを派遣したイギリスのスチーブンソン兄弟社はデービッド・スチーブンソン、トマス・スチーブンソンの兄弟が経営する会社だ。そして弟トマスの息子がR・L・スチーブンソン（一八五〇〜一八九四）。『宝島』や『ジキル博士とハイド氏』などで世界的に有名な作家である。そのスチーブンソンは世界で初めて吉田松陰（幕末の志士、思想家。一八三〇～一八五九）の評伝を書いている。そのいきさつについては『知られざる「吉田松陰伝」』（よしだみどり著、祥伝社）が詳しい。日本とは奇しき縁でつながっているといっていいだろう。

パークスは灯台と同時に開港場についても自ら候補地を視察しており、敦賀にやって来た目的もそれだが、結局のところ敦賀は開港場として適性を欠くという判断だったようで、パークスは「日本海側では七尾か新潟が適している」と本国の外相スタンレーに報告している。

同じ年、アメリカ公使のファルケンバーグも軍艦で敦賀港に入っている。やはり日本海の良港視察が目的で、ファルケンバーグはパークスとは違って「開港場としては敦賀か七尾、もしくは宮津がいい」と本国へ報告している。

念願の開港場指定

最終的に日本海の開港場は新潟と決まり、敦賀は〝落選〟するわけだが、明治に入ると転機が訪れる。鉄道の敷設だ。

一八六九（明治二）年十二月、新政府はこれまでの馬借《ばしゃく》（馬を使って運送を行った労働者）に代わって陸《おか》蒸気、すなわち鉄道の敷設を決めた。東京と京都間を結ぶ幹線、それに東京―横浜間、京都―神戸間及び琵琶湖沿岸―敦賀間の三支線が計画されたのだ。

この計画に従って金ヶ崎―長浜（琵琶湖の北東岸）間の鉄道が完成したのは一八八四（明治十七）年。幹線の東京―京都間は一八八九年、明治憲法の制定に合わせて開通した。このとき敦賀―長浜間は敦賀―米原《まいばら》（琵琶湖東岸）間に延長され、東海道線と接続するようになった。これにより敦賀は神戸、東京につながる日本海側唯一の町となった。敦賀側の終着駅が港の金ヶ崎駅であったことから、港に陸揚げされた大量の米穀やニシン、白子などが鉄道で東海や近畿に運ばれるようになり、敦賀港は大いに繁盛したものだ。

ところが一八九六年に敦賀―福井間、その後一八九九年に敦賀―富山間と、北陸線が全線開通したことで状況が一変した。嶺北《れいほく》（福井県の北部）や石川県の米穀をはじめ、北陸各港から敦賀港に運ばれていた船荷物が鉄道に奪われ、敦賀港は衰微していく。敦賀では人や荷物が素通りするようになり、貨物運送業や倉庫業、さらには旅館や料理屋にも廃業する者が出始めた。

こんな苦境を打破してくれたのが念願だった開港場指定。住民たちによる中央政府へのさまざまな働きかけの結果、一八九九年、ついに敦賀は開港場に指定される。そして一九〇二年二月、逓信省は大阪の海運業者・大家七平《おおいえ》（大家商船）に命じて日本海の甲乙二航路に交通丸、凱旋丸を就航させた。前年の秋、シベリア鉄道の満州横断線区である中東鉄道が竣工したのを受けての指定だった。

〝甲〟は門司を起点とし、浜田、境、宮津に寄港したあと敦賀とウラジオストク間を往復、そのあと七尾、伏木《ふしき》、夷《えびす》、新潟、函館、小樽、コルサコフ（南サハリン）に寄港、もう一度ウラジオストクに寄って元山《ウォンサン》、釜山《プサン》（ともに朝鮮半島）を経て門司に帰るコース。一方、〝乙〟は小樽が起点で、甲とは反対回りで同じ寄港地を一周、小樽に帰るコースだが、ただしウラジオストク間の往復は甲の敦賀ではなく七尾だった。甲の敦賀―ウラジオストク間の運航回数は年十二回、乙の七尾―ウラジオストク間の運航回数は年四回。

しかし寄港地が多く時間がかかったため、一九〇三（明治三十六）年、敦賀町長の関口平一郎は敦賀―ウラジオストク航路に直航専用の定期船を運航させるよう政府に働きかけている（『ウラジオストク物語』原暉之《てるゆき》著、三省堂）。

欧亜連絡国際列車

この頃、敦賀からウラジオストクに渡ったひとりに二葉亭四迷（一八六四～一九〇九）がいる。二葉亭四迷の本名は長谷川辰之助。小説家でありロシア文学の翻訳家として知られ、言文一致体の文章は国木田独歩や島崎藤村など後の作家に大きな影響を与えた。その後内閣官報局を経て陸軍大学や母校の東京外語大学でロシア語教授を勤めたが、一九〇二（明治三十五）年に職を辞し、ウラジオストクを経由してハルビン・北京《ペキン》に赴く。ハルビンは中国黒龍江《こくりゅうこう》省の省都だ。

二葉亭四迷が東京・新橋を発ったのは五月三日。大阪や神戸に寄ったあと五月十日に敦賀に到着、具足屋《ぐそく》という宿屋に投宿した。翌十一日の日記にはこうある（原文片仮名）。

〈午前角野代理店に至り切符を購う　大阪本店の指図にて中等切符にて上等の待遇を受くることと為る　同代理店にてグレボフに邂逅

午后大和田荘七氏を訪問、差支えあり面会せず　去て大和田久兵衛氏を訪問　敦賀の事情を聞く〉（『遊外紀行』）

訪問したが会えなかったという大和田荘七（一八五七〜一九四七）は敦賀を代表する実業家（大和田財閥創始者）で、一八九二（明治二十五）年には大和田銀行を設立している。敦賀港の開港場実現のために奔走したのもこの人だ。俳優の大和田伸也、獏《ばく》兄弟は大和田荘七の縁戚に当たる。

二葉亭四迷は次の日、天狗党の武田耕雲斎たちの墓を見たのち、交通丸で敦賀を出港、ウラジオストクに向かった。四迷は日記の欄外に具足屋の勘定を記しているが、それによると宿泊料が一円四〇銭、ビール二八銭、中食（昼食）三〇銭、ビール二八銭、新聞二銭、ビール五六銭、肴七五銭、菓子一〇銭などと記している。朝、昼、晩とビールを飲んだようで、ビールが大好きだったらしい。

敦賀―ウラジオストク間の直通航路が逓信省によって認可されたのは日露戦争（一九〇四〜

一九〇五）後の一九〇七（明治四十）年四月九日で、敦賀港は第一種重要港湾に指定された。国際貿易の発展及び欧亜との連絡交通のため、政府は横浜、神戸、関門《かんもん》（下関・門司《もじ》）に敦賀を加えた四港を国営としたのだ。直航船運航の認可を受けたのは日露戦争前から大家商船の事業に資本参加していた大阪商船。同時に敦賀郵便局が外国郵便交換局に指定されたため、日本からの国際郵便の大半が敦賀を経由することになった。敦賀が国際港として発展するのはこの年以降のことだ。

その五年後の一九一二（大正元）年にはシベリア鉄道に接続して欧州各地を結ぶ「拠点港」に指定され、新橋駅（一九一四年からは東京駅）と金ヶ崎駅（一九一九年に敦賀港駅と改称）間を直通運行する寝台付きの欧亜連絡国際列車が走り始める。

一九一五年の列車時刻表を見ると、東京駅を午後八時二十五分に出発する神戸行き二、三等急行列車は浦汐（ウラジオストク）行き連絡船の敦賀出帆前夜に限り一等寝台列車を連結しており、米原には翌朝八時二十二分に到着、八時三十五分に同駅を発車して敦賀駅着が十時四十四分、金ヶ崎駅には十時五十分に着いて連絡船に接続している。金ヶ崎駅に着いた乗客は、税関検査や出国手続きを終えると駅の隣の桟橋に停泊しているウラジオストク行きの船にすぐ乗り込むことができた。

それまではヨーロッパにはインド洋経由で四十日以上かけて船で行くほかなく、たとえば森林太郎（森鷗外）がドイツに留学したとき（一八八四年）は横浜を出港してフランスのマルセイユまで行き、パリ経由で五十日近くかけてようやく目的地のベルリンに着いている。しかし欧亜連絡国際列車を利用するルート、つまり東京から敦賀まで急行で行き、敦賀港から船でウラジオストクに渡って（約四十時間）シベリア鉄道に乗れば、所要日数は大幅に短縮される。列車はウラジオストク―モスクワ間を十日余りで走るから、パリまで十七日間で着いてしまうのだ。

逆にウラジオストクからの船が敦賀に入る日は金ヶ崎（八時五十二分発）から米原までの列車が運行され、米原からは東京行き特急（東京二十一時五分着）に接続していた。

与謝野晶子、敦賀からパリへ

手元にある欧亜連絡国際列車の切符（東京―ベルリン間）の写真を見ると、まず上方に「西《シ》伯利《ベリア》経由欧亜聯絡《おうあれんらく》」とあり、その下に太文字で「東京―ベルリン」と印刷されている。その下に「ウラヂオストック―ハバロフスク―ワルソー経由」と小さく書かれている。ワルソーとはポーランドのワルシャワのことだ。縦長の切符にはさらに「東京―敦賀　米原経由」と書かれている。つまりこれ一枚で東京からベルリンまで行けたのだ。切符の裏面には同じことが英語で記されている。

一九三六（昭和十一）年に作られた「大敦賀行進曲」（高橋掬太郎《きくたろう》作詞、古関裕而《ゆうじ》作曲、伊藤久男歌）には「西へ行こうか東へ行こか　港敦賀は東洋の波止場　名残惜しめばテープもぬれて明日は異国の空の下（一番）」、「誰と乗りましょ国際列車　遠い波路をはるばる着いて　青い眸《ひとみ》のあこがれ乗せて　花の東京へ一走り（五番）」などの歌詞が見える。

〝東洋の波止場〟となった敦賀港には一九〇七年以降、多くの著名人が乗下船した。たとえば一九一二年（明治四十五）年には歌人・与謝野晶子（一八七八～一九四二）が新橋発神戸行きの列車で敦賀に着き（米原で北陸線乗り換え）、敦賀からロシア船アリヨル号に乗ってウラジオストクへ、さらにシベリア鉄道でパリに向かっている。単身旅行だった。

また一九一八（大正七）年にはロシア・ソ連の大作曲家でありピアノ奏者のセルゲイ・プロコフィエフ（一八九一～一九五三）がアメリカに渡るため敦賀から日本に入っているし、一九二七（昭和二）年には世界で初めて南極点に到達したノルウェーの探検家ロアンド・アムンゼン（一八七二～一九二八）が敦賀港から出航、帰国している。さらに一九三三年には都市計画の世界的権威であるドイツ人建築家ブルーノ・タウト（一八八〇～一九三八）が故国ドイツから亡命、シベリア鉄道を利用して敦賀に上陸している。前記の松岡洋右が全権大使として国際連盟に出席した（昭和七年）ときは敦賀港からウラジオストク経由でジュネーブに向かっている。翌年、日本が国際連盟を脱退したのは周知のとおりだ。

ついでに触れておくと、半井桃水《なからいとうすい》（一八六一～一九二六）も敦賀と縁が深い。半井は東京朝日新聞記者であり小説家。記者としては日露戦争時、乃木将軍（乃木希典。一八四九～一九一二）の旅順攻撃に従軍、ステッセル（ロシア軍司令官）との水師営（中国、大連市旅順地区。清代に水師の兵営があった所）の会見を特報している。小説の代表作には『胡砂吹く風』などがあり、一世を風靡したが、同時に樋口一葉（一八七二～一八九六）の小説の師として知られており、一葉の恋人だったともいわれている。半井桃水の弟・浩の妻である鶴田たみ子は敦賀出身で、桃水も最後は敦賀の病院で死去した。

シベリアにいたポーランド孤児や杉原千畝の「命のビザ」を持ったユダヤ人難民が敦賀にやって来たのは、こうしたウラジオストク―敦賀を結ぶルートが確立していたからなのである。

第二章　日本とポーランド

ポーランド分割

日本とポーランドはユーラシア大陸のロシア連邦を挟んで西と東に位置する関係だが、距離的にも一万キロ以上離れているうえ江戸時代には日本が鎖国していたこともあって、十九世紀後半まではほとんど交流がなかった。ましてポーランド自身、一七九五（日本では寛政七）年のロシア・プロイセン（ドイツ）・オーストリアによる第三次ポーランド分割によって国家そのものが地上から消滅してしまったのだからなおさらだ。

現在ポーランドと呼ばれているオドラ川とビスワ川に挟まれた地域に人間が住み始めたのはおよそ二万年前とされる。ポーランドの名称は「ポーレ」、すなわち「平原」に由来する。平原が多く、「野の国」と呼ばれてきたのもそのためだ。

この地域は長い間複数の民族と文化が共存する辺境地帯だった。ギリシャやローマといったヨーロッパ古代世界とは遠く離れていたため、文書記録に登場するのは十世紀末になってからである。さまざまな政治勢力が分裂を繰り返し、ポーランド王国が完成したのは一三三三年。

中世後期にはライ麦輸出で空前の繁栄期を迎え、東ヨーロッパの大国として勢威を振るったが、国内対立の激化、またスウェーデンやプロイセンといった周辺国の大規模な侵略もあって徐々に衰退、十七世紀にはオスマン・トルコと並ぶ「ヨーロッパの病人」に落ちぶれていく。

ポーランド分割はそんな状況のなかで起きた。一七七二年、九三年、九五年の三回にわたってロシア、プロイセン、オーストリアがポーランドの分割を行ったのだ。領土の剝奪である。ただし二回目の分割にオーストリアは加わっていない。

ロシアの女帝エカチュリーナ二世（一七二九〜九六）は南下政策の邪魔になるオスマン帝国（トルコ）との戦争に備え、寵臣のスタニスワフ・アウグスト・ポニャトフスキをポーランド国王に据えた。隣国のポーランドを従順な同盟国にしようと考えたのだ。ところが事は思惑どおりには運ばなかった。ポニャトフスキはロシアに無断で王権強化を図り、これに反対するポーランド国内の共和派を助けるためロシアが武力介入すると、今度はその共和派がフランス、オーストリアの援助を得てロシアに武装抵抗し始めたのだ。

そんなときに起こったのが一七六八年の露土（ロシアとトルコ）戦争。ロシアがポーランドを補給基地化して我が国を滅ぼそうとしているに違いないと、オスマン帝国がロシアに宣戦布告したのだ。ロシアが対ポーランド、対オスマン帝国の両面作戦を余儀なくされ動きが取れなくなったのを見て、かねてからロシアのドナウ川流域への侵攻に危機感を抱いていたオースト

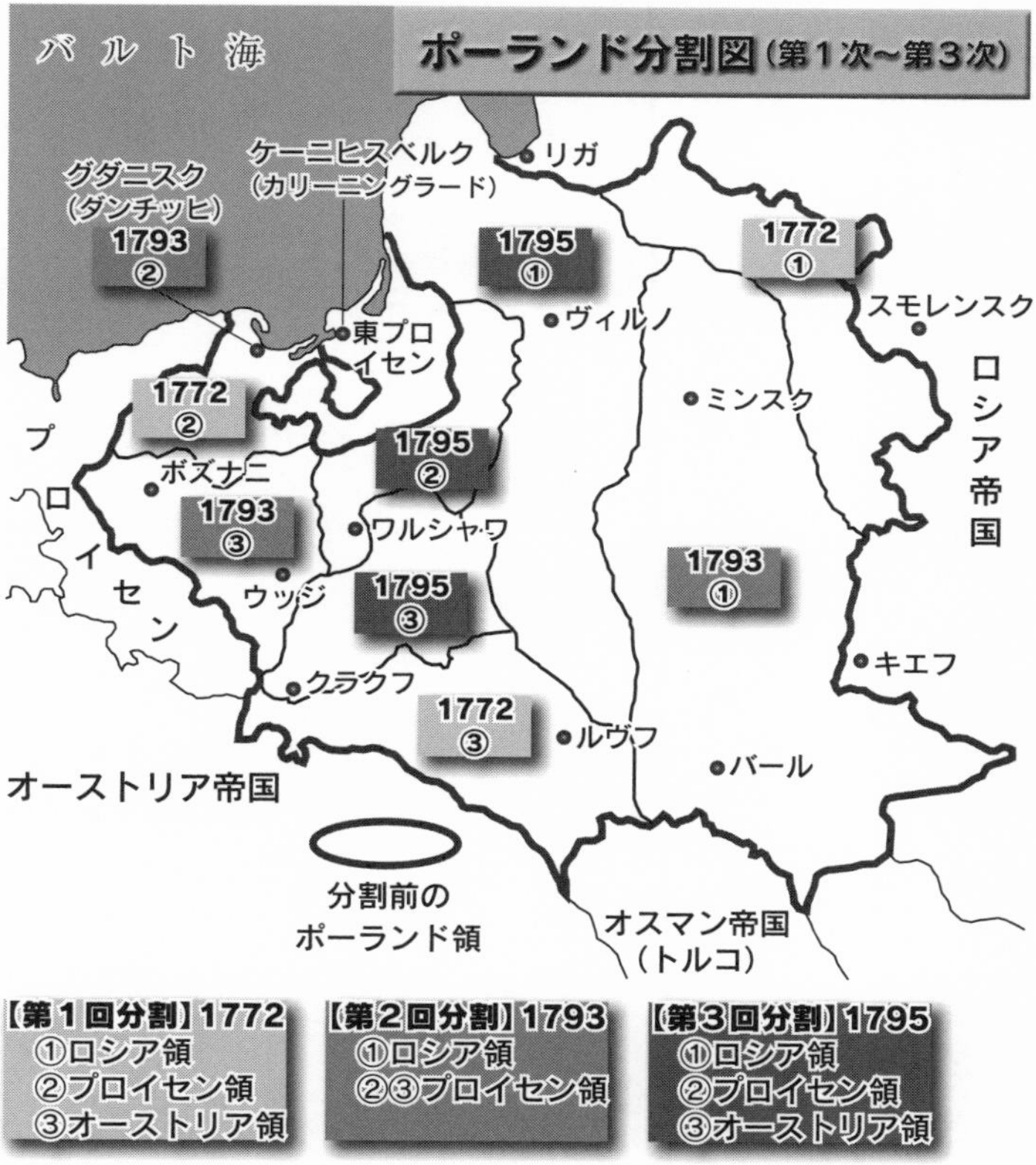

リアはプロイセンと同盟を結んだ。プロイセンはロシアと協定を結んでエカチュリーナのポーランド政策を支持していたが、一方ではロシアのポーランド干渉の増大を恐れていた。

　プロイセンのフリードリヒ国王はエカチュリーナに次のように警告した。すなわちロシアの強欲、拡張主義はオーストリアのハプスブルク家（ヨーロッパで長期にわたって権勢を誇った王家）の反発を受け、ヨーロッパ諸国間の戦火拡大を招きかねない。そうさせないためには〝諸悪の根源〟であるポーランドを領土化してオーストリアに相応のポーランド領を与えるのが得策で、もちろんプロイセンにも分け前にありつく権利がある――と。つまりポーランドを独り占めしようとするからイザコザが起きるのであって、この際みんなで分けてしまおうというのだ。

フリードリヒはこうしてエカチュリーナをまんまと丸め込み、一七七二年八月、サンクトペテルブルクでロシア、オーストリア、プロイセンの三国がそれぞれ二国間で相互条約を締結するに至った。ロシアはポーランド領リボニア及び白ロシア、オーストリアはガリツィア地方の一部、そしてプロイセンは念願の王領プロイセン（かつてのプロイセン領土）を手に入れた。ポーランドは一四〇〇万人の住民のうち五〇〇万人近くを失い、領土も三分の一を奪われた。これが第一回目のポーランド分割だ。

怒り狂うロシア

しかしこれは受難の始まりに過ぎなかった。

一七七八年、プロイセンとオーストリアがバイエルン継承戦争を開始した。バイエルンは英語でババリア、ルートウィヒ二世のノイシュワンシュタイン城などで知られるドイツ南部の街。

州都はミュンヘンだが、当時はマクシミリアン三世ヨーゼフの統治下にあった。そのヨーゼフの死去で家系が断絶し、後継者をめぐってプロイセンとオーストリアが対立したのである。戦争が続くなか、こんどはロシアがプロイセンとの同盟を破棄、オーストリアに接近する。

ロシアの女帝エカチュリーナはヨーロッパからオスマン帝国を追い出し、孫のビザンチン公を新しいビザンチン帝国の皇帝に就かせようと躍起になっていた。そのためにはプロイセンではなく、オーストリアのハプスブルク家を利用した方が得策だと考えたのだ。そして一七八七年にはまたまた露土戦争が開始され、翌年にはロシアと同盟を結んだオーストリアもトルコとの戦争に参加する。

エカチュリーナはポーランドについては楽観していた。国王ポニャトフスキは意のままになる傀儡《かいらい》だし、ポーランドは完全にロシアの属国になったと判断して、対トルコ戦に備えロシア軍の大半をポーランドから撤退させた。

ところが、である。

ポニャトフスキは決して傀儡ではなかった。一七八八年、ポーランド史上初めて国会を開設し、九一年五月三日には画期的な新憲法を発布した。立法、行政、司法の三権を分立、また国王の権限を削り、行政の責任は国王ではなく行政が負うものとした。一七八九年のフランス革命の影響を強く受けた憲法だ。この憲法は「五月三日憲法」と呼ばれ、ヨーロッパ中を驚嘆させた。そしてポニャトフスキはさらに種々の改革案を打ち出し、ロシアの影響力を排除しようとする。

これに喜んだのがオーストリア。ポーランドを反プロイセン同盟に誘うことができる、という計算だ。

しかしロシアとプロイセンは警戒感を強めた。このままでは革命の余波が自国にまで波及しかねない。ことにロシアは「ポニャトフスキに裏切られた」と怒り狂い、一七九二年に露土戦争が終結するや一〇万人近い軍隊をポーランドに差し向け、ポーランド軍を屈服させた。プロイセンも「五月三日憲法」を無断で成立させたと難癖をつけ、ポーランドからの援助要請を断った。プロイセンはさらにオーストリアに対し「対仏同盟から離脱するぞ」と脅しをかける。

フランス革命を成し遂げた革命フランスは、その後ポーランドを分割した三つの国を相手に戦争を始めていた。このフランスの圧力を正面から受けていたのがオーストリアで、一七九二年四月からプロイセンはオーストリアと同盟して一緒に革命フランス軍と戦っていたのだ。プロイセンはオーストリアの足元を見て「ポーランドを擁護するなら対仏同盟から降りる」と恫喝したのだ。

オーストリアはやむなくポーランド問題に介入するのをあきらめ、「我が国はポーランドの問題に関知しない」と、〝無関心〟を表明してしまう。そして一七九三年一月二十三日、ロシアとプロイセンはオーストリア抜きでポーランド分割に関する条約に署名した。ポーランドには緩衝国としてわずかな土地が残されただけだった。プロイセンは条約の正式批准の連絡も待

タデウシュ・コシチューシコ
(K・ヴォイニャコフスキ画)

たずに翌二十四日にはポーランド侵攻を開始する。以上が第二回目のポーランド分割の推移だ。

ポーランドの受難はさらに続く。

分割を免れたおよそ四〇〇万人が住むポーランドはその後もロシア軍占領下に置かれ、事実上国家としての機能を失う。

ポーランドは必死に革命フランスに援助を要請するが、余力のないフランスはこれに応じなかった。そこで立ち上がったのがタデウシュ・コシチューシコ将軍（一七四六〜一八一七）だった。

消された国家

コシチューシコは農村部の下級貴族の次男として生まれ、ワルシャワの騎士学校を卒業後ポニャトフスキ国王の援助でパリに留学する。パリでは工兵学、とくに要塞建築の技術を学んで帰国した。しかし第一回のポーランド分割のあとだっただけに望むようなポストがなく、一七七三年、アメリカに渡る。工兵将校不足に悩むアメリカ植民地軍に参加するためだ。アメリカでは一七七五年からの独立戦争にジョージ・ワシントン（アメリカ合衆国初代大統領、一七三二〜九九）の副官として参加、サラトガの戦い（一七七七年、ニューヨークのハドソン川上流のサラトガでイギリス軍を撃破した戦い）などで功績を上げ、独立戦争終結（一七八四年）時には准将に昇進した。ポーランドに帰国したのはその翌年だ。彼の名前が広く知られるようになるのは一七九二年のロシアとの戦争で目覚ましい活躍をしてからだ。大軍で侵入して来たロシア軍を、彼は寡兵よくこれを防いだ（ドゥベンカの戦い）。

結局、戦争に負けたポーランドは第二次の分割を受け、コシチューシコはいったんライプチヒ（ドイツ東部・ザクセン地方の都市）に亡命、そこで独立蜂起を準備する。一七九四年三月、帰国したコシチューシコはクラクフ（ポーランド南部の古都）で蜂起宣言を行い、最高司令官の地位に就いた。同年四月には彼の率いる蜂起軍がラツアビツェでロシア軍を破り、蜂起は全国に広がってゆく。

しかし秋になって戦局は一変した。十月のマチョエビツェの戦いでポーランド軍は敗北、コシチューシコは負傷してロシア軍の捕虜となり、以降、蜂起は衰退する。オーストリアも今度は分け前に与《あずか》る好機を逃さず、ポーランド国境に兵を送り始めた。十一月にはワルシャワが陥落、ポーランド軍は武装解除され、国王ポニャトフスキは退位させられ、蜂起は鎮圧された。ロシアとオーストリアはサンクトペテルブルクで新たなポーランド分割協定を結び（一七九五年一月三日）、残りのポーランド全土が分割された。第三次分割だ。エカチュリーナはプロイセンにもおこぼれを与えた。ワルシャワを含む地域である。その代わりプロイセンはクラクフを放棄させられた。

翌一七九六年一月十二日にはロシア、オーストリア、プロイセンによって三国協定が結ばれた。その協定書には「ポーランド王国が存在したことを思い出させるすべてのものを消滅させなければならない」と書かれていたという（『ポーランドの歴史』イェジ・ルコフスキ、フベルト・ザヴァツキ著、河野肇訳、創土社）。

最後のポーランド王となったポニャトフスキは一七九八年サンクトペテルブルクで死んだ。捕虜となったコシチューシコはエカチュリーナの死によって特赦になり（一七九六年）、アメリカ、フランスなどで暮らしたのち、最後はスイスで生涯を終えた。遺骸は母国クラクフの教会に埋葬され、その記憶はポーランド人の胸に深く刻まれた。

こうしてポーランドは消滅し、その後はロシア領としての存在しか許されなかった。「われわれは死んで行く。しかしポーランドは不死身だ」とはコシチューシコの残した言葉だが、ポーランドがようやく悲願の独立を果たすのは一二三年後の一九一八年のことである。

東海散士と福島安正

ポーランドの置かれた悲劇的な立場を日本で最初に記述したのが政治家であり小説家の東海《とうかい》

散士《さんし》（本名・柴四朗《しばしろう》。一八五二～一九二二。弟にのちの陸軍大将・柴五朗がいる）だ。彼は会津藩士柴佐多蔵の子として安房《あわ》（千葉県）の会津陣屋に生まれ、一八六八（明治元）年、会津戦争で捕虜になった。釈放後は東京の私塾や弘前の東奥義塾、会津の日新館などで学んだあとアメリカに留学する。一八七九（明治十二）年から八五年にかけての留学中に政治小説『佳人之奇遇』を構想、帰国後十二年間で全八編を刊行した。主人公は東海散士で、それにスペインの美女幽蘭、アイルランドの女志士紅蓮などをからませて帝国主義の犠牲になった弱小民族の悲劇を描いたものだ。この小説は明治の青年たちに少なからぬ影響を与えた。その後東海散士は衆議院議員に当選、政界で活躍する。

その『佳人之奇遇』で東海散士はポーランドに触れ、ロシアがポーランド人、ことにユダヤ人を弾圧していること、第二次ポーランド分割後に愛国者タデウシュ・コシチューシコが蜂起、ロシア・ドイツ（プロイセン）連合軍に戦いを挑んで敗れたこと、その結果第三次ポーランド分割でついにポーランドが消滅したことなどを書いている。少し引用してみる。コシチューシコが蜂起、ロシア・プロイセン連合軍と戦っている場面だ。なお括弧内は筆者（山田）の注釈。

〈高節公（コシチューシコ）勇を奮ヒ智ヲ尽シテ魯晋（ロシアとプロシャ）両国ノ大軍ニ抗ス　十月十日死士ヲ募リ将士ト訣別シ魯ノ大軍ト血戦ス　吶喊ノ声（鬨《とき》の声）山谷ヲ動カシ鼓《こ》鼙《へい》（鼓と振り鼓）ノ響天地ニ震フ　死士積テ丘陵ヲナシ流血波浪ヲ揚グ　魯ノ援軍益々加ハ

リ波蘭（ポーランド）ノ軍遂ニ破レントス　高節公旄（旗）ヲ取リ残兵ヲ指揮シ縦横馳突遂ニ重傷ヲ蒙リ馬ヨリ落チ呼ビテ曰ク　波蘭ノ命数今日ニ尽クト〉

『佳人之奇遇』は小説だが、日本人として初めて実際にポーランドの地に足を踏み入れたのは陸軍軍人・福島安正少佐（のち陸軍大将。一八五二〜一九一九）だ。

福島は信濃国松本藩士福島安広の長男として生まれ、西南戦争に従軍後一八七八（明治十一）年中尉に。その後、参謀本部に入り朝鮮、清国、インド方面の情報収集に当たった。ドイツ公使館付武官になったのは一八八七年。

任期を終えた福島は騎馬でヨーロッパとアジアの両大陸を横断、ロシアと清国（中国）の視察を行うことを計画し、軍の許可を得た。

大旅行の出発は一八九二年の二月十一日、紀元節の日だった。ベルリンから馬（凱旋号）でスタート、ドイツ、ポーランドを通過してウラル山脈を越え、シベリア街道を東に進んでオムスク（西シベリアの都市）に到着、さらにアルタイ山脈を越えて蒙古に入り、ここから北上してバイカル湖の横を回ってイルクーツク（東部シベリアの都市）に着いた。そしてイルクーツクから再び引き返してチタ、ネルチンスク、ブラゴヴェシチェンスクといった町に到着、アムール川を渡って対岸の黒海に出て翌年の六月十二日、ついにウラジオストクにたどり着いた。旅行行程は約一万五〇〇〇キロ、かかった日数は四百八十八日だった。この壮図《そうと》は新聞で報道され、日本中が沸き返った。

福島の目的は情報将校としてヨーロッパ諸国の軍備状況を視察すること、なかんずく危険な隣国ロシアの情報収集であったが、その任務のため対ロシア抵抗運動の経験を持つポーランド人たちとも接触した。彼の報告書は高く評価され、のちの日露戦争（一九〇四～五）で大いに役立ったとされる。

福島の報告書は毛筆で、片仮名まじり、句読点なしで書かれているが、それを『単騎遠征録』としてまとめたのが当時朝日新聞の記者をしていた西村天囚《てんしゅう》。西村は遠征を終えた福島安正をウラジオストクに迎えて取材、大阪朝日新聞に発表した。さらに箱根の旅館で福島と数十日をともに過ごし、『単騎遠征録』を書いた。こちらは平仮名まじりになっているが、やはり句読点はない。零下四〇度のシベリアで凱旋号が病死するくだりを、句読点をつけたうえ、これも少しだけ引用する。


〈……十三露里にして波爾徳諾《ポルジノ》に至り、部長の宅に投ず。馬頓《にわか》に仆《たお》る。急にウラデミルの獣醫を招けども、管轄外の地なりとて至らず、遂に電報してバクレフ駅の獣醫を招きしに、来診して是れ急性僂摩知斯《リューマチス》なり。復《また》救う可《べか》らずと云う。嗚呼、是れ名馬凱旋の末路なり……馬は獣の霊なる者なり。其《その》主と別るるに當りて嘶《いなな》き、且つ起ちて無量の哀れを表せしも亦宜《またうべ》ならずや〉

福島少佐と艱苦《かんく》をともにした馬は合計五頭で、凱旋号のあとは烏拉《ウラル》、興安《ヒンアン》、亞爾泰《アルタイ》、烏蘇里《ウスリー》の四頭がその任務を果たした。次いでポーランドに至ったときの記述を、同じく句読点をつけて引用。

〈……折しもあれや東魯西普《とうろさいふ》一時崛起《くっき》し、新勝の威四隣《いしりん》に震ひ波蘭《ポーランド》も亦其《またその》乗する所と為り、普墺魯《ふおうろ》の三國の為に全國三分の一を蚕食《さんしょく》せられしは實《じつ》に一千七百七十二年なり。而して國情未だ復《かえ》らず、猶《なお》紛争を事とす。至誠の士義兵を起こし侵地を復せんと欲するも、倒瀾《とうらん》を如何《いかん》とするなく、勇戦奮闘の餘《よ》徒《いたずら》に血河屍山を描き出せしのみ。一千七百九十五年刀折れ弾丸尽て國焦土と為り、社稷《しゃしょく》此《ここ》に亡び満目《まんもく》の山河三國の分有する所となれり〉

ポーランド懐古

シベリア単騎横断の福島少佐（帰国したときに中佐に昇進）に捧げる形で長編詩『騎馬旅行』を書いたのが国文学者であり歌人の落合直文（一八六一〜一九〇三）。落合は陸奥国（宮城県）に生まれた。父は仙台藩伊達家の筆頭家老。国語国文、和歌を勉強したのち東京大学古典講習科に入学、二年後に中退して軍務を務めたのち第一高等中学・国語伝習所の教師となった。以降教育に力を尽くす。和歌革新の先鞭をつけ、与謝野鉄幹などを育てた。『騎馬旅行』は一〇〇〇行を超える七五調の大長編詩だが、その一部、すなわち福島少佐がポーランドを通過する部分は「ポーランド懐古」というタイトルの歌になっている。以下がそれだ。

〈ひと日ふた日は　晴れたれど／三日四日五日は　雨に風／路のあしさに　のる駒も／ふみわづらひぬ　野路山路
獨逸の國も　ゆきすぎて／露西亞の境に　いりにしが／さむさはいよよ　まさりつゝ／ふらぬ日もなし　雪あられ
さびしき里に　いでたれば／こゝはいづことたづねしに／聞くもあはれや　そのむかし／ほろぼされたる　波蘭《ポウランド》
かしこに見ゆる　城のあと／こゝにのこれる　石の垣／てらす夕日は　色さむく／飛ぶもさびしや　鷓鴣の影
さきて榮えし　いにしへの／色よにほひよ　今いづこ／花のみやこの　その春も／まこと一時の　夢にして。〉

（落合直文『騎馬旅行』国文学研究資料館）

この歌（作曲者不詳）は小学校唱歌に選定され、また軍歌としてもポピュラーとなった。あとで詳しく述べるが、ポーランド孤児救済の背景には広く親しまれたこの「ポーランド懐古」の歌があり、そのため日本国民の同情が集まったものと見られる。

義和団事件から日露戦争へ

福島安正の報告書が勝利に役立ったとされる日露戦争は一九〇四（明治三十七）年に始まった。朝鮮（大韓帝国）と満州（中国の東北一帯）の支配をめぐってロシアと日本は対立していたが、ロシアは義和団事件（一八九九～一九〇一）が起きるや満州に一五万の兵を送り込んだ。当時ロシアが建設中だった東清鉄道（シベリア鉄道に連絡し、ロシア南下政策の根幹となった）が義和団に破壊されたため、その保護を名目に出兵、たちまち満州全土を占領した。義和団事件後も撤兵せずに満州の独占支配・朝鮮進出の野心をむき出しにしたため日本は激しく反発、日英同盟（一九〇二年）によるイギリスの支持を背景に一九〇四年二月八日、日本が仁川（韓国京畿道《キョンギド》の港湾都市）沖、旅順（中国遼東半島にある大連の港湾地区）港を奇襲して戦争が開始された。宣戦布告は二月十日だ。

戦争のきっかけとなった義和団事件は、中国華北に起きた反帝国主義の民衆運動。白蓮教系の秘密結社である義和団（拳術を身につけた農民主体の武装集団）を中心に山東省で蜂起、翌年には北京に入城して各国公使館区域を包囲した。そのため日本、イギリス、アメリカ、ロシア、ドイツ、フランス、イタリア、オーストリアの八カ国は連合軍を組織してこれを鎮圧した。

このときの日本公使は薩摩出身の西徳二郎（一八四七～一九一二）で、六十三日間の籠城を強いられた。西は外交官ではあるが、戊辰戦争時には薩摩藩士として従軍、越後口での激戦を経験している。しかしさすがにこのときは心労もあってゲッソリし、顔つきもまるで猿のようになったという。この籠城には公使館付武官である柴五朗（東海散士の弟）陸軍砲兵中佐も加わっている。そして義和団に包囲された日本公使館を解放するために組織された救助隊の総指揮官が福島安正少将。福島安正はもともと情報将校であり、実戦指揮はこれが初めてだった。西公使は事件のことを何も書き残していないが、柴五朗は十数回の講演で詳しく当時の状況を語っており、活字となって残っている。西徳二郎は先に名前の出た「バロン西」こと西竹一の父である。

ピウスツキとドモフスキ

極東を舞台とした日露戦争は、遠く離れたポーランドで大きな反響を呼んだ。日露開戦直後にはユゼフ・ピウスツキとロマン・ドモフスキというポーランドを代表する二人の政治家が相次いで来日しているのだ。

軍人でもあるピウスツキ（一八六七～一九三五）は日露戦争をロシアに対する蜂起のチャンス

と考え、日本政府に援助を求めてやって来た。リトアニアの中流貴族の子として生まれたピウスツキは幼少の頃から母によって愛国心教育を受けて育ったが、一八八七年、ロシア皇帝アレクサンドル三世暗殺未遂事件の謀議に加担したとして五年間のシベリア流刑に処せられた。刑期を終えて帰国した彼は、創設されたばかりのポーランド社会党に入党する。彼の名が一躍有名になったのは、非合法活動で逮捕収容されたワルシャワ要塞からポーランド社会党の手を借りて脱獄(一九〇一年)してからだ。ポーランド社会党のリーダーとして彼が来日したのは、日本の援助を受けてロシア領ポーランドで武装蜂起する計画を立てたからだ。

ピウスツキが来日するのは日露戦争が始まってから五カ月後の七月十日。横浜に入港、翌日には東京に入った。

ピウスツキはイギリス公使館付武官・宇都宮太郎(陸軍軍人。のち大将。一八六一〜一九二二)から児玉源太郎(のち参謀総長。一八五二〜一九〇六)参謀本部次長、福島安正第二部長の両将軍に宛てた紹介状を持参していたが、両者とも前月に満州に出立していたため会えず、代わりに参謀本部の村田惇少将が面会した。

ピウスツキが独立のため日本から資金援助を受ける代償として提案したのは、

一　日本軍の中にポーランド人の部隊を創設する
二　満州のロシア軍に編入させられているポーランド人を蜂起させる
三　東部ロシア及びシベリアの鉄道・橋梁を破壊する

など。

しかし日本は色よい返事をしなかった。在満ロシア軍の唯一の補給路となっていたシベリア鉄道の破壊工作には興味を持ったものの、これは国際法に抵触する恐れがある。それにポーランドの政治にはそれほどの関心はなかった。もうひとつの理由は、ポーランド政界右派の指導者ロマン・ドモフスキが「ピウスツキの要求には応じるべきではない」と日本を説得したからだ。

ドモフスキはポーランドにおけるナショナリズム運動の指導者で、ワルシャワの没落貴族の家庭に生まれた。ワルシャワ大学で生物学を専攻、繊毛虫の研究で博士号を取っている。その年、ワルシャワで行われた「五月三日憲法」の一〇〇周年を祝うデモを組織し、当局に追われてパリへ。のち帰国して逮捕され、ワルシャワ要塞に五カ月間収容された。この時点で生物学者としての研究生活を断念し、以後政治運動に専心する。民族主義的な秘密組織「民族連盟」を結成するのは一八九三年だ。

彼はドイツを政治的、経済的な脅威と見て反独親露の立場を取り、ロシアを敵と見なすピウスツキと国内で対立していたが、ピウスツキが日本の援助を受けてポーランドで蜂起を計画していることを知り、先手を打ってピウスツキより一足早く来日した。日本到着は一九〇四年五月十五日で、ピウスツキより二カ月近く早い。

ドモフスキはそれより少し前の三月初旬、クラクフで日本陸軍参謀本部の諜報将校・明石元二郎中佐（のち陸軍大将。一八六四〜一九一九）に会っている。明石は公使館付武官として在フランス公使館、在ロシア公使館などに勤務、日露戦争が始まると新設されたストックホルム（スウェーデン）公使館へ派遣された。ストックホルムはロシア情報を集めるには最適の場所とされ、明石は同地を拠点にロシアの内情探査、及び後方攪乱の任務を帯びてヨーロッパで活動していた。

明石はドモフスキの日本訪問を支持し、児玉源太郎と福島安正宛ての紹介状を書いた。来日したドモフスキは児玉、福島両将軍に面会し、ピウスツキ一派の計画がいかに無謀であるか、また有害であるかを訴えた。ピウスツキはドモフスキが自分より先に日本に来ていることをまったく知らなかった。おまけに児玉源太郎、福島安正は満州に出立したあとで、とうとう会えなかったのだ。

ピウスツキ、初代国家主席に

ドモフスキの方はピウスツキに先んじて両将軍に会ったあと、ロシア軍内のポーランド人兵士にロシア軍からの離脱と日本軍への投降を呼びかける日本政府の声明文作りに協力したりもしている。そしてロシア人捕虜とポーランド人捕虜を別々に収容するよう日本側に申し入れ、また戦争終結後ロシアへの帰還を望まない者が脱走罪に問われずアメリカに渡れるよう日本政府の保証を取り付けた。ドモフスキはこのあと松山（愛媛県）の捕虜収容所に向かっている。松山捕虜収容所にはこの時点で五三八人の捕虜が収容され、うち五〇人ほどがポーランド人。ドモフスキに通訳として同行したのは外交官の川上俊彦で、彼はポーランド独立後に初代駐ポーランド公使になる。

ここで日露戦争での捕虜について述べておく。

日露戦争で日本が捕虜にしたロシア兵は合計七万九三六七人にのぼった（陸軍省『明治三十七、八年戦役俘虜取扱顚末』）。このなかにはポーランド人が多数含まれていた。日本政府はこの約八万人の捕虜を国内二九の施設に収容、国際法に沿って人道的に扱ったため世界から賞賛されたが、ことに約三万人ともいわれたポーランド人捕虜はロシア人捕虜と分けて収容、厚遇した。ドモフスキが訪問した松山捕虜収容所では、日本海海戦で日本がバルチック艦隊を破ったとき、ポーランド人捕虜全員が万歳を叫んだという。なお二九の捕虜収容施設のうち、収容人数がいちばん多かったのは浜寺（大阪府堺市）、次いで習志野（千葉県）、熊本、福岡、名古屋、金沢などとなっている。捕虜収容施設は敦賀にも開設されている。

ピウスツキとドモフスキは偶然同じホテルに投宿していた。上野公園にある精養軒ホテルだ。そして七月十一日、ホテル近くでばったり顔を合わせた。『日本・ポーランド関係史』（エヴァ・パワシュ＝ルトコフスカ、アンジェイ・T・ロメル著、柴理子訳、彩流社）はそのときの目撃者の証言を紹介しているが、それによるとドモフスキは人力車でやって来たピウスツキを見て一瞬立ちすくんだという。しかしすぐ二人は握手を交わし、話し合った。両者は十四日にも会い、ポーランド問題をめぐって延々九時間にも及ぶ議論を戦わせたそうだ。日本政府は結局ドモフスキの要望を聞き入れ、ピウスツキの提案は却下された。ドモフスキが日本を離れたのは七月二十二日、ピウスツキは三十日に発った。

ピウスツキは一九一八年にポーランドが共和国として独立を回復、ワルシャワに新政府ができたとき、初代の国家主席になった。翌年三月に日本と国交を結んだのも彼だ。

その兄、ブロニスワフ・ピウスツキ（一八六六〜一九一八）も日本との関わりが深い。

もう一人のピウスツキ

ブロニスワフ・ピウスツキはペテルブルグ大学の学生のとき弟のユゼフとともにアレクサンドル三世暗殺未遂事件に巻き込まれ、サハリン（樺太）に流刑（刑期は十五年。のち恩赦で十年に減刑）された。以来、延べ十九年間（一八八七〜一九〇六）にわたって極東の地（樺太、千島）に留まってアイヌ研究を続け、樺太アイヌの酋長バフンケの姪であるチュフサンマと結婚、二児をもうけた。一九〇三（明治三十六）年の夏には調査のため北海道を訪れている。

そのブロニスワフ・ピウスツキは日露戦争で日本軍によって占拠される直前にサハリンを脱出、ウラジオストクに渡り、日露戦争が終結して四カ月後の一九〇六年一月に来日する。一月十日の『北海タイムス』には「浦汐《ウラジオ》より二人の珍客」という記事が載っている。読みやすくして紹介する。

〈最近の便船でウラジオストクより来朝した二人の珍客がある。その一人はビルドスキーというポーランド人で、十九歳のとき国事犯としてシベリアに流され多くの年月をここで送るうちアイヌ語の研究を始め、文学の素養があったため造詣が深くなった。氏はその著述を携えて来朝、日本において印刷に付し、日本の学者と一緒にこれを研究したいという。もうひとりはマトエエフといい、ウラジオおよびニコリスクで長らく新聞を発行していたが、戦争中は中止。今回再刊するにつき日本の写真その他の材料を集めるため来朝したという。同氏は函館の生まれで非常な日本崇拝者であり、開戦前にロシアの極東政策に反対して発行停止処分になったことも再三だった〉

ビルドスキーというのはピウスツキのことだ。彼は東京にやって来ておよそ八カ月滞在、その間に大隈重信（一八三八～一九二二）、板垣退助（一八三七～一九一九）といった政治家、片山潜（一八五九～一九三三）、横山源之助（一八七一～一九一五）などの社会主義者、坪井正五郎（一八六三～一九一三）、鳥居竜蔵（一八七〇～一九五三）らの人類学者など、さまざまな人々と交流した。ことに二葉亭四迷とは日本・ポーランド協会設立を構想するなど、生涯にわたって深く交わった。早稲田大学図書館には彼が二葉亭四迷に宛てた手紙も残っている。また一九〇六年（明治三十九）にはアイヌ研究の最初の論文『樺太アイヌの状態』を日本語で発表している。

ピウスツキはトマス・エジソンの発明した蠟管蓄音機を使ってアイヌの貴重な民間伝承を多数録音しており（一九八〇年にポーランドで発見された）、のちに北海道大学で再生に成功した。アイヌの習俗や言語の研究に大きな業績を挙げた人物なのだ。

ピウスツキと一緒に来日したマトエエフというのはロシア人ニコライ・マトヴェーエフ（一八六五〜一九四一）のこと。函館ロシア領事館の准医師の子で、日本で生まれた最初のロシア人といわれる。生まれて数カ月後に一家はニコライエフスク（ロシア極東地方の港湾都市）に移り、父が死ぬとマトヴェーエフはウラジオストクで革命運動に身を投じた。市議会議員を務めたほか印刷や出版事業にも携わり、同時に「グルホフカのハイネ」などのペンネームを持つ詩人でもあった。ピウスツキとは親しい仲で、ウラジオストクでは一緒に住んで地下活動をしている。彼は一九〇二（明治三十五）年に新聞記者として来日、北海道から東京、京都を経由して長崎まで、日本全国を歩いている。

彼はのちに新聞でピウスツキの思い出を書いている。沢田和彦著「ブロニスワフ・ピウスツキとニコライ・マトヴェーエフ」（『異郷に生きるV――来日ロシア人の足跡』中村喜和、長縄光男、ポダルコ・ピョートル編　成文社）には彼の回想が引用されており、それによれば二人は一九〇五年十二月四日にウラジオストクを出発して日本に向かい、日本ではしばらくの間一緒に旅をした。そしてピウスツキについて「日本で彼はいたる所で庶民の歌や民話を記録する機会を求め、彼がサハリン島で調査した日本の原住民アイヌに関する文献や写真、絵画を収集した」と書いている。

ブロニスワフ・ピウスツキは日本訪問を終えるとアメリカを経由してガリツィア（ポーランドの南東部からウクライナ北西部を指す地方名。当時はオーストリア領）に着いた。その間にウラジオストクではマトヴェーエフが革命文献を秘密裡に持ち込もうとしたとして逮捕されている（一九〇六年）。ピウスツキもこの事件に関与していたため苦悩、その後は決してロシア領内に入ろうとしなかった。

彼には不遇が続いた。アイヌ研究はヨーロッパではほとんど評価されず、定職にも就けないため生活は困窮して放浪生活を余儀なくされ、一九一八年五月二十一日、パリのセーヌ川ミラボー橋のたもとで水死体となって発見された。

一方のマトヴェーエフは監獄に収監され、出獄後は自宅に戻って市会議員などを務め、さらにはウラジオストク市長にもなった。しかしソビエト政権が成立（一九一七年）するとレーニン主義を嫌悪して一九一九（大正八）年に日本へ亡命、大阪や神戸でロシア語書籍の印刷や出版、販売を行い、神戸で死去した。彼もまた日本と深く関わって生涯を送ったのだ。

第三章　シベリア流浪

起ち上がるポーランド

ポーランド孤児について述べるに当たって、忘れてはならないのがポーランドで起きたロシアに対する幾多の蜂起。東海散士が紹介したコシチューシコの蜂起以降も、十一月蜂起（一八三〇〜三一）、諸国民の春（一八四八）、一月蜂起（一八六三〜六四）など、独立を求めて繰り返し蜂起があった。これらの蜂起を知っておかないと、なぜシベリアに多数のポーランド孤児がいたのか理解しにくいので、ここでは具体例として十一月蜂起、一月蜂起について見ておきたい。

まず十一月蜂起。

ロシア帝国陸軍士官学校（ワルシャワ）下士官グループによって主導された十一月蜂起は、フランスの七月革命（一八三〇）に触発されて起きた。第三次ポーランド分割によってポーランドはロシアの支配下にあったが、当時のロシア皇帝ニコライ一世（一七九六〜一八五五）はポーランド人の権利をまったく認めずに冷遇した。そのため独立を求める声が高まり、一八三〇年十一月二十九日、ポーランド連隊や一般市民らが立ち上がったのだ。

ワルシャワは無政府状態になり、ワルシャワにいたニコライ一世の弟コンスタンティン大公は逃亡、国会はニコライ一世の廃位を決議し、約八万人のポーランド軍は進軍してきたロシア軍を見事に食い止めた。しかしポーランド軍内部の対立・分裂からやがて蜂起は一時の勢いを失い、大軍で押し寄せたロシア軍との戦いで敗走を重ねて一八三一年九月八日、ワルシャワは陥落した。この結果、約一万人はパリに亡命（大亡命）していったが、残された軍隊や市民たちには弾圧が加えられた。シベリア送りは数万人にのぼり、約二〇万人がロシア兵役に徴集された。このロシア兵役はなんと二十五年間である。

一方、一月蜂起は一八六三年一月にロシア領ポーランドで起きた、十九世紀最後にして最大の蜂起だ。

十一月蜂起後の弾圧で鳴りを潜めていたポーランドでは、ニコライ一世の死とクリミア戦争（一八五三～五六年にわたり、クリミア半島を主戦場にしてロシアとトルコ・英・仏・サルデーニャの四カ国連合が戦い、ロシアが敗北）でロシアの支配体制が揺らぎ始めた一八五五年頃から、再び独立への気運が高まってきた。学生や市民がワルシャワで街頭デモを繰り返し始めたのだ。

そして一八六二年十月、六年前に中止された徴兵制度が復活、当局が学生や市民を一斉に逮捕して強制的にロシア軍に編入し出したため学生・市民たちは激高、翌年一月二十二日に蜂起が始まった。第一次分割によるロシア領ポーランド解放をスローガンに、ロシアに対して宣戦布告、五月には国民政府の成立を宣言した。

しかしポーランド国内には約一〇万人のロシア軍がいたのに対し、蜂起当初の反乱軍はわずか六〇〇〇人程度。最大時でも三万人と劣っており、しかも武器といえば猟銃や大鎌ぐらいで、情勢は徐々にポーランドに不利になっていく。農民を十分に取り込めなかったこと、期待したイギリスやフランスの武力介入がなかった（英仏両国は最初革命支持を表明、外交ルートでロシアに抗議したが、それ以上のことはしなかった）こともあって、一八六四年五月、反乱は鎮圧された。それでも当時ヨーロッパ最強のロシア軍を相手に一八カ月間も戦ったのは驚くべきことだったといえる。

ロシアは叛徒たちを殺すかシベリア送りにした。のちにポーランド孤児のひとりが祖母に聞いた話として語ったところによると、祖母たちはこのワルシャワでの一月蜂起に加わったものの失敗、約八万人の捕虜がロシアに送られ、うち半数がシベリアで重労働に従事させられたという（『日本のみなさん　やさしさをありがとう』　手島悠介著、講談社）。

ポーランドはロシアの一州として再編され、以降、学校ではロシア語使用を義務付けられた。このように蜂起はたびたび繰り返されたが、いずれも失敗に帰し、捕虜になったポーランド人の大半はシベリア送りとなって酷寒のなかで重労働を強いられた。これら流刑の捕虜たちを慕って、やがてその妻や家族、恋人たちが次々にシベリアにやって来て一緒に生活し始めた。二十世紀初頭には、こうしてシベリアに根を張って生活していたポーランド人がおよそ五万人いたと見られる。

十一月蜂起とショパン

ところで、これは余談になるが、いま紹介した二つの蜂起のうち、一八三〇年の十一月蜂起は実はショパンとの関係が深い。ショパンとはフレデリック・フランソワ・ショパン、つまり「ピアノの詩人」と呼ばれたピアニストにして作曲家、ジョルジュ・サンド（フランスの女流作家。一八〇四〜七六）との恋で有名なあのショパン（一八一〇〜四九）である。

多くの友人が十一月蜂起に参加したのを知って、当時音楽修行のためウィーンにいた二一歳のショパンも蜂起に加わることを考えたが、健康がすぐれないこと、音楽家として大成しなければいけないことなどの理由から帰国を断念、父の母国であるフランスのパリに向かった。父はフランス人、母はポーランド人だった。

途中、ドイツのシュトゥットガルトで十一月蜂起の失敗、ワルシャワ陥落の報を受け、ショパンは悲憤のあまり狂乱状態に陥る。以下はその手記の一部だ。

〈ワルシャワの郊外は焼かれてしまった。ヤシウはどこにいるのか。ヴィルヘルム（コールベルク）はきっと城壁の上で死んだだろう。マルセルは捕虜になったのか。神よ、あなたはおいでなのか。あなたはいても復讐はなさらない。モスクワ人たちの犯罪をまだ見足りないのですか。あなた自身がモスクワ人なのですか。哀れで親切な父上よ！　あなたはきっと飢え、そして母上にパンを買うこともできない。姉妹たちは、情欲に狂うモスクワ人どもの犠牲になったかもしれない。ポウオンスキの墓地（エミリアの墓がある）よ。彼等は妹の墓をけがさなかっただろうか。彼等はその上を踏み荒らし、何千という死体がつみ上げられた。どうしてぼくは一人のモスクワ人も殺すことができないのか。ああ、ティチュス、ティチュス！〉（『ショパン』遠山一行著、講談社）

ティチュス（ティチュス・ボイチェホフスキ）はショパンが唯一心を許した親友である。彼はウィーンまでショパンと同行したが、そこで祖国の蜂起を知り、すぐさま帰国した。のちになってショパンはティチュスが生きていることを知り、文通が始まる。ティチュスはショパンの晩年、フランスに行こうとしたが、フランスとロシアは仲が悪く、国籍上はロシア人となっていたため許可が降りず、ついに再会することはなかった。

ワルシャワ陥落を知り、ショパンが怒りと絶望のなかで作った曲が通称『革命のエチュード』と呼ばれる八短調練習曲（作品一〇の一二）である。のちに述べるが、一九四四年、ワルシャワに対独大蜂起が起きたとき、パルチザンの地下放送局が繰り返し流したのがこの『革命のエチュード』だった。ポーランド人にとってショパンは民族の誇りであり、蜂起の象徴だったのだ。

十一月蜂起の失敗に胸のつぶれるような思いをしたショパンは、終生祖国のことを思い続けていたものの、とうとうポーランドには戻れず、一八四九年十月十七日の明け方、パリで三九歳の生涯を終える。遺体はパリのペール・ラシェーズ墓地に埋葬された。しかし遺言で心臓だけが姉ルドヴィカの手によってポーランドに帰り、ワルシャワにある聖十字架教会の柱のなかに埋められた。

一九三九年にナチス・ドイツがポーランドに侵攻（第二次世界大戦の勃発）、ワルシャワに入ったとき、まず探したのがこのショパンの心臓だった。ナチスはポーランド人にショパンの曲を聴いたり演奏したりするのを禁じたが、それだけではなく、ショパンの痕跡さえ消そうとしたのだ。それを事前に察知したワルシャワの人たちはひそかにショパンの心臓を持ち出し、終戦後の一九四五年、ショパンの命日の十月十七日に再び元の場所に戻された。

国民詩人・ノルビット

ここでもうひとつショパンに関して付け加えておく。

ショパンの死を惜しんで当時多くの追悼文が発表されたが、なかでもポーランド人に深い感銘を与えたのが詩人ツィプリアン・カミル・ノルビット（一八二一〜八三）のそれである。

〈生まれはワルシャワ人、その心はポーランド人、その才能によって世界市民となったフリデリック・ショパンがこの世を去った。……彼はその神妙なる技巧によって芸術の最も困難な課題を解きおおせた——すなわち野の花を、その露一つ、細微の和毛一本振り落とさずして集めおおせたのである。そしてそれらの野の花に、理想の芸術によって光輝を与え、全ヨーロッパを照らす星、流星はたまた彗星に変じた〉（『決定版　ショパンの生涯』　バルバラ・スモレンスカ＝ジェリンスカ著、関口時正訳、音楽之友社）

ノルビットは生涯を国外の放浪に費やしたポーランドの詩人で、ことに二十世紀に入ると極めて高く評価されて〝国民詩人〟と呼ばれている。このノルビットの詩編『舞台裏にて』の一節に、次のような詩句がある。

〈松明のごと、なれの身より火花の飛び散るとき／なれ知らずや、わが身をこがしつつ自由の身となれるを／もてるものは失わるべきさだめにあるを／残るはただ灰と、あらしのごと深淵に落ちゆく混迷のみなるを／永遠の勝利のあかつきに、灰の底ふかく／さんぜんたるダイヤモンドの残らんことを〉（『灰とダイヤモンド』　J・アンジェイェフスキ著、川上洸訳、岩波文庫）

アンジェイェフスキはポーランドを代表する作家で、ワルシャワ・ゲットーの反乱、ワルシャワ蜂起、ポーランド人が受けた迫害、ホロコースト（ナチスによるユダヤ人大虐殺）の恐怖などを描いた短編集『夜』（一九四五年）で一躍世界に名を知られるようになった。『灰とダイヤモンド』は一八四八年に発表された長編小説で、タイトルはノルビットの詩句から採られている。『灰とダイヤモンド』といえば誰もがアンジェイ・ワイダ監督の同名の映画（一九五八年製作）を思い浮かべるが、この映画の脚本はアンジェイェフスキとアンジェイ・ワイダの共同執筆だ。ショパンとノルビットとアンジェイェフスキとアンジェイ・ワイダ。ポーランドを代表する音楽家と詩人、小説家、それに映像作家の、これは興味深いつながりである。

追われてシベリアに

話をシベリアのポーランド人に戻す。

二十世紀初頭のシベリアには、先に述べたように流刑家族の子孫や帝政ロシアに雇われてシベリア鉄道建設に携わる者など、およそ五万人のポーランド人が生活していたと見られる。彼等は教会を建て、カトリックの神父はポーランド語でミサをあげていた。また母国語や母国の歴史を教える「ポーランドの家」という集会場は、ポーランド系住民の文化活動の中心地であり、子供たちへのスカウト活動を通じてポーランド社会の結束に努めていたという（『Dzieci syberyjskie シベリア孤児』 松本照男、ヴィエスワフ・タイス著、二〇〇九年ワルシャワで発行)。

しかし第一次世界大戦の勃発、ロシア革命とそれに続く内戦で、シベリアにはさらに多くのポーランド人たちが流れ込んで来た。

第一次世界大戦は一九一四年六月二十八日、オーストリア皇太子夫妻がボスニアで暗殺されたサラエボ事件をきっかけに起きた世界規模の戦争。ドイツ、イタリア、オーストリア・ハンガリーの三国同盟とイギリス、フランス、ロシアの三国協商という帝国主義二大陣営が激突、途中からトルコ、ブルガリアが同盟側に、ベルギー、日本、アメリカ、中国、そして同盟を脱退したイタリアが協商側に参加した。

その過程で、ポーランドに大きな変化が起きた。

一九一五年八月七日、旧ポーランド領内の東部戦線で同盟国軍(実際にはドイツ)が旧王国全体を占領、ワルシャワも占領下に入った。一世紀に及ぶロシア支配は終わりを告げ、親ソ派のドモフスキはペトログラード(現在のサンクト・ペテルベルグ)へ逃げた。

この際、猛烈なドイツ軍の攻撃を受けたロシア軍は、ポーランドを撤退するに当たり、ドイツ軍に何も残すまいという魂胆から住民に逃走を強要、都市・村落のすべてを焼き払った。ポーランド人はわずかな家財道具を持ち、住み慣れた故郷をあとにした。故郷恋しさに立ち止まれば、監視のロシア兵に老若男女の別なく斬り殺された。このどさくさに紛れてコサック兵がいたる所で略奪をほしいままにし、家畜、家財道具、衣服類など、金目のものは手当たり次第に奪い取られた。

追い立てられたポーランド人は夜を日に継いで東へ東へと走り、遠くシベリアまで放浪の旅を続けた。混乱のなかで家族は離れればなれになり、親を見失った子供、あるいは子供の居場所がわからなくなった親も多かった。捜そうにも長い時間そこに留まることは許されず、疲労と飢渇のため倒れる者があっても、ロシア兵の監視の目が光っているためどうしようもなかった。一例を挙げると、八歳の女の子を見失ったある母親は狂気のように娘を捜したが、ロシア兵に追い立てられて涙ながらにそのまま立ち去った。しかし悲しみと疲労のために倒れ、ついに息絶えた。人々のできることは、わずかに彼女の屍が踏まれないよう道の端に横たえることだけだった（一九二一年に波蘭孤児救済会が発行したヴィクトル・カルボスキ著『波蘭児童救済会の事業沿革』より）。

こうして多くのポーランド人がシベリアまで落ち延びた。ロシア革命が始まる前には、もともと住んでいる人と合わせ、シベリアには一五万人から二〇万人のポーランド人がいたとされる。そんな彼等にさらに追い打ちをかけたのが革命と内乱だ。

革命と内乱

第一次世界大戦末期の一九一七年三月八日（ロシア暦二月二十三日）に首都ペトログラードで

婦人労働者が「パンをよこせ」と叫んで起こしたデモが発端となり、これが労働者・市民と軍隊・警察との衝突に発展した。四日後には労働者側についた兵士の反乱が始まり、全市が民衆の制圧下に入ってソビエトが成立する。労働者と兵士の代表から成る革命指導機関である。そして三月十五日、ソビエトの承認の下に臨時政府が発足、皇帝ニコライ二世は退位してロシア帝国はここに崩壊した（二月革命）。帝政ロシア最後の皇帝となったニコライ二世は、皇太子時代に来日して大津事件（沿道警戒中の巡査津田三蔵に斬られて負傷）に遭遇したことで日本人にもなじみが深いが、退位後シベリアのトボリスクに、さらにウラルのエカテリンブルグ（ロシア中部、ウラル山脈麓にある都市）に移されて幽閉中、家族（皇后アレクサンドラ、皇子アレクセイ、皇女オリガ、タチアナ、マリア、アナスタシャ）とともに銃殺された。一九一八年七月十七日のことである。レーニンの兄はニコライ二世の父アレクサンドル三世に処刑されており、このことも一家銃殺の背景にあるかもしれない。

このうち皇女アナスタシャについては辛くも生き延びたのではないかという説がある。一九二〇年にはドイツの精神病院でアンナ・アンダーソンという記憶喪失の女性が見つかり、彼女こそ皇女アナスタシャだとヨーロッパ中が大騒ぎになった。この女性をモデルに製作されたのがアメリカ映画『追想』（一九五六年）で、記憶を失った謎の女アンナに扮したイングリッド・バーグマンはアカデミー主演女優賞を受賞している。ちなみに皇子アレクセイが血友病で、それを治療した僧ラスプーチンが皇后並びにニコライ二世の信任を得て政治に関与したのは周知のとおりだ。

二月革命のあと、ロシア革命はさらに第二段階に入る。

二月革命で臨時政府とソビエトが共存する二重権力状態が生まれたが、やがてその矛盾が顕著化、両者が対立する。臨時政府の首相となった社会革命党のケレンスキー（一八八一～一九七〇）は次第に独裁色を強めてボリシェビキ（ロシア社会民主労働党の分派。多数派）を弾圧、ボリシェビキの指導者のレーニンは地下に潜行したが、機を見てトロツキーらとともに首都ペトログラードで武装蜂起し、一九一七年十一月七日ケレンスキー臨時政府を倒してソビエト政権を樹立した。ロシア十月革命だ。正式国名を「ロシア・ソビエト連邦社会主義共和国」にするのは一九一八年一月二十三日である。ケレンスキーは亡命した。

革命によるソビエト政権成立は、内戦の始まりでもあった。相次ぐ戦闘で体力は低下しており、まずは第一次世界大戦から離脱する必要があった。

革命ソビエト内では「戦争よりは講和を」と主張するレーニンの意見が通り、一九一八年三月三日、ドイツ及びその同盟国との講和条約に調印した。これがブレスト・リトフスク条約で、これによりロシア皇帝が二〇〇年かけて征服した多くの領土が失われた。ソビエトにとっては屈辱的な条約だが、講和のため、民族自決のためにはやむを得なかった。

この間、ロシア各地に革命、反革命の各派がそれこそ雨後の筍のように新政府、臨時政府を作った。

シベリアでは十月革命成功の情報が流れた瞬間から革命派の勢いが増したが、これに対抗してソビエト政権から追放された保守派のデルベルを首班とする「シベリア臨時政府」が誕生。またオムスク（西シベリアの都市）にも反革命の「臨時シベリア政府」ができた。ウラジオストクとオムスクに二つの反革命シベリア政府が存在することになったのだ。

ただでさえややこしい状況のなかで起きたのがチェコスロバキア軍団（以下、チェコ軍団とする）の反乱。

チェコとスロバキアは十六世紀にオーストリア・ハンガリーに併合されており、第一次世界大戦では強制的にオーストリア・ハンガリー軍に編入させられ、東部戦線に送り出されていた。しかしもともと戦う意思のない彼等は一戦も交えることなくロシア軍に降伏、自ら進んで捕虜になっていた。

そこで連合軍（フランス軍）は彼等をフランス軍の指揮下に置いてドイツ軍と戦わせるという案を考え出した。独立のチェコ軍団に編制し直し、シベリア経由でヨーロッパ戦線に送り込む作戦である。レーニンも一応それを承諾した。

ところが、ここでまた思わぬ出来事が発生する。四月四日、ウラジオストクにいた日本の商社マン三人の死傷事件が起き、翌日在留邦人保護のため派遣されていた日本海軍陸戦隊二個中隊とイギリス海軍部隊約五〇人がウラジオストクに上陸したのだ。その三カ月前の一月、イギリスは居留民保護の名目で巡洋艦サフォークを香港からウラジオストクに回航、それを受けて日本海軍もすぐさま石見、朝日の二艦をウラジオストクへ差し回して、日英両国の軍艦が海上から無言の圧力をかける形になっていた。当時日本とイギリスは日英同盟を結んでいた。商社マン死傷事件は日本軍にとってシベリアに軍事介入する絶好の口実となった。シベリア出兵の第一歩である。

チェコ軍の反乱

これを見たレーニンは、チェコ軍団問題が反革命軍はもちろん、ウラジオストクに上陸した日本、イギリスにも利用されかねないと危惧し、チェコ軍団に武装解除の命令を出す。そのためウラジオストクやオムスク、イルクーツク、チェリアビンスクにいた三万五〇〇〇人のチェコ軍団は足止め状態に。そして一九一八年五月二十六日、チェリアビンスク駅で事件が起きる。

初めは些細な事件だった。ドイツ、オーストリア・ハンガリーの捕虜を乗せた列車から金属の棒のような物が投げられ、それがホームにいたチェコ兵に当たったのだ。足止めされてイライラしていたチェコ兵が列車に乗り込んで乱闘となり、赤軍（正確には労農赤軍。一九一八年一月二十八日に創設）が出動してチェコ兵一〇人ばかりを逮捕するや、こんどはチェコ軍が実力で奪い返し、これがきっかけでチェコ軍が各地で蜂起、シベリア鉄道沿線の主要駅や都市を制圧したため全シベリアが大混乱になった。

ウラジオストクにいたチェコ軍はウラジオストク革命ソビエト政府の首脳を逮捕、さらにウスリー鉄道を北上したが、そこで赤軍の激しい抵抗に遭い、戦闘は膠着状態に陥った。

このチェコ軍団事件は英仏両国によってアメリカその他に誇張を交えて伝えられた。英仏、それにイタリアの三国協商国は連合国最高軍事会議をベルサイユで開き、日本及びアメリカ両国に対してシベリア出兵を要請する。日本はこのとき寺内正毅《まさたけ》（一八五二～一九一九）内閣である。ウラジオストクにある大量の軍需品をドイツに渡さないようにすることが重要であること、一九一七年十二月二十七日にイルクーツクで起きたボリシェヴィキによる住民虐殺事件でフランス人やイギリス人居留民が皆殺しの危機に瀕していること、あるいはドイツがボリシェヴィキを介して満州やシベリアで油脂や金属などの原料品を得ようとしていることなども取り上げ、地理的にいちばん近い日本に「出兵して適当な対策を講じてもらいたい」と再三にわたって懇請してきた。

外交調査会（臨時外交調査委員会）の原敬（このときは政友会総裁。のち首相。一八五六～一九二一）や牧野伸顕《のぶあき》（政治家・外交官。大久保利通の次男。一八六一～一九四九）が強く反対したためいったんは否定的な回答を行った日本だが、一九一八年七月、シベリア軍事干渉に反対していたアメリカのウィルソン大統領が日米共同でシベリアに派兵するという新方針を発表するや、こんどは「欣喜受諾」を回答した。喜んで派兵しますよ、というわけだ。寺内正毅首相自身は出兵の名分がないとして、もともとシベリア出兵には消極的だったが、政府上層部では本野一郎（外交官。のち子爵。一八六二年〜一九一八年）外相や田中義一（軍人・政治家。のち首相。一八六四年〜一九二九）参謀次長は「アメリカの意向がどうであろうと出兵すべし」という意見で、ウィルソン大統領の新方針は積極派兵勢力を勢いづかせる結果になったのだ。

日本、シベリアに出兵

寺内内閣の正式シベリア出兵宣言は八月二日。日米両国はチェコ軍救出のため日米同数（七〇〇〇人）の陸軍を派兵すること、チェコ軍の救援目的を達成したら即座に撤兵することなどを決め、八月十二日に日本が、十九日にアメリカがウラジオストクに上陸し始めた。この両国共同のシベリア出兵には英、仏、伊、それにカナダと中国も小部隊を派遣、連合国による共同作戦の形をとった。

もちろん、シベリア出兵の本当の狙いはロシア革命への干渉である。連合国には革命政権樹立によって社会主義思想が世界的に広がるのではないかという危惧と警戒心があり、またこれまで帝政ロシアに対して行ってきた多額の借款供与や投下資本を回収するため反革命勢力に手を貸し、何とか帝政を復活させたいという計算もあった。

ところがシベリアに野心を持つ日本は協定を無視、七〇〇〇人どころか一〇倍の七万三〇〇〇人を派兵する。戦時編制（当初は表向き約九〇〇〇人の「平時編制」とされていた）の一個師団約三万人がウラジオストクから上陸して沿海・アムール両州に展開、別に二個師団が満州からザバイカル州方面に展開し、結局はバイカル湖以東のシベリアを占領してしまった。アメリカのウィルソン大統領がカンカンになったのはいうまでもない。あまつさえ日本軍の支援を受けたセミョーノフ大尉（帝政ロシアの軍人）がコサックの騎兵隊を引き連れてチタを占領、住民たちに乱暴狼藉を働いて、米派遣軍からは「日本軍は破廉恥なコサック指導者に武器や資金を供給している」と目の敵にされた。このことも日米対立の理由のひとつとなり、アメリカは激しく日本に抗議するようになる。

こうした状況のなかで台頭してきたのが帝政ロシアのコルチャーク（一八七三～一九二〇）提督。アレクサンドル・コルチャークは日露戦争にも参加、二月革命後は臨時政府からアメリカに派遣されていたが、帰途、横浜で十月革命の報に接し、レーニン政権に対抗しようと連合国（とくにイギリス）の後援を取り付けてシベリアに向かう。そしてオムスクの臨時全露政府（臨時シベリア政府を改造）の首班、軍最高司令官となり、レーニンからの政権奪取を表明した。コルチャーク軍は赤軍に対して白軍と呼ばれ、一九一九年三月には一五万人の兵力でウラル山脈を越えて進軍、緒戦でウラルの要衝ウファを陥落させた。さらに同軍はボルガ川に達し、コルチャークは「一カ月後にはモスクワを占領してみせる」と豪語した。そのモスクワは一九一八年三月にレーニンを首班とする新政府がペトログラードから移ってきてロシアの新首都になっ

シベリアの主な都市（アミ部分は旧ソビエト）

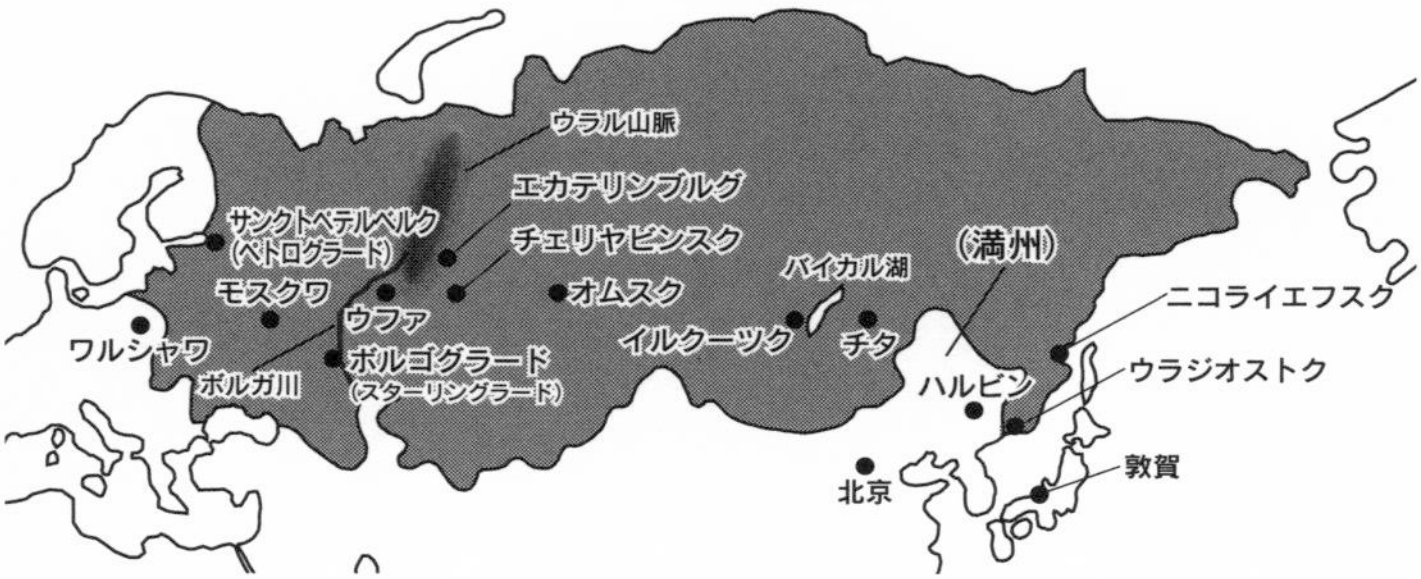

ていた。

　このコルチャーク軍を支援して立ち上がったのがシベリア第五師団だ。同師団は一九一八年七月、シベリアにおけるポーランド人統治機構「ポーランド戦時委員会」によって編制された約二〇〇〇人のポーランド人部隊で、司令官はヴァレリアン・チューマ大佐。コルチャーク軍に呼応して赤軍と戦い始めたのだ。

　しかしコルチャーク軍は軍最高司令官・コルチャークの専横ぶりに嫌気がさしてきており、まなじりを決して反撃してきた赤軍に敗れ総崩れとなった。ウファは奪還された。加えてチェコ軍団のなかにはレーニンの革命思想に共鳴する兵隊が急増、反コルチャークの暴動も起き、とうとう赤軍についてしまった。寝返りである。このため反革命勢力は一気に勢いを失うことになる。コルチャークは一九二〇年一月十四日、イルクーツクでチェコ兵につかまり、二月七日に銃殺された。

　一方のシベリア第五師団もクルクフィエンナ近郊の戦い

（一九二〇年一月）で敗北、赤軍に投降する。将校は捕虜収容所に送られ、兵士は鉱山労働に従事させられて、劣悪な労働条件のなかで多くの者が命を落とした。生きてハルビンにたどり着いたのはチューマ大佐などほんの一握りだった。

このときチューマ大佐らシベリア第五師団の生き残りを救出したのが日本軍。ハルビンからウラジオストク、長崎を経て彼等を祖国ポーランドに帰国させた。このチューマ大佐はのち、シベリアから救い出されたポーランド孤児たちとともにドイツと戦うことになる。

ポーランド救済委員会

革命とその後の内戦による未曾有の混乱のなかで、シベリアのポーランド人たちは難民となって各地を放浪し始めた。とくに親と死別した子供たちは飢餓にさらされ、冬は零下数十度の寒さのなか身を置く場所もなく、地獄のような極限状態に陥った。

その悲惨な状況を見て難民救済に立ち上がったのがウラジオストクにいたポーランド系住民だった。彼等は同国人の窮状を見かねて「ポーランド救済委員会」を設立した。一九一九（大正八）年十月十日のことで、難民・罹災者の最低限の衣食住確保を目的とした。救済委員会の会長にはアンナ・ビエルケヴィチ女史（一八七七～一九三六）が、副会長にはコレラやペストといった伝染病対策に取り組んできた若き医師ユゼフ・ヤクブケヴィチ（一八九二～一九五三）が就任した。

アンナ・ビエルケヴィチは第一次世界大戦前、ワルシャワでテノール歌手として有名なレリーバの夫人（アンナ・レリーバ）として政治犯への援助・救済活動を行っていたが、離婚後、こんどは土木技師のビエルケヴィチと結婚、夫がシベリア鉄道建設工事に携わることになったため二人でウラジオストクにやって来ていた。

救済委員会は十二月十六日の会議で孤児及び救助を必要とする児童の救護を決めた。哀れな孤児や児童があまりにも多いため、将来のポーランドを担う子供たちを救出することを活動の中心に据えたのだ。同委員会はまずウラジオストクの米国赤十字社シベリア派遣団長のチュースラー博士に事情を説明、援助の約束を取り付けた。またアメリカ・シカゴにあるポーランド人組織「ポーランド国民機関」に資金援助を仰ぎ、ウラジオストク郊外のセダンカという所に孤児院を作って孤児たちを収容し始めた。ヤクブケヴィチ副委員長がザバイカル方面に孤児たちを捜し出す旅に出て、孤児及び「せめて子供だけでも助けてほしい」と親から頼まれた児童をウラジオストクまで連れて来た。後年、ヤクブケヴィチはこう書き残している。

ポーランド救済委員会のアンナ・ビエルケヴィチ会長（右）とユゼフ・ヤクブケヴィチ副会長（左）

〈ロシア人や中国人の避難所に潜むポーランドの子供たちを、我々は根気よく探しまわった。壊れた列車を住処とする子や、兵舎にまぎれこんでいる子供たちもいた。ポーランド人が近くに住んでいると聞いては、足を棒のようにしてその家族を訪ねたこともある。父親を亡くした家庭では、せめて子供だけでも助けだしてほしいと、母親たちは涙にくれながら我々に頼み込んだこともあった……〉

〈さる家庭を訪ねた時、我々は感動的な場面にたちあった。息子を我々に託す母親は、粗末なテーブルに洗いざらしのクロスをしき、マリア像をそっと置いて祈りをささげた。祖国をしらず、また満足に母国語も喋れない息子を前において『お前は祖国独立のために闘った祖父や父の息子なのだ』と、噛んでふくめるようにさとしていた。それはあたかも息子に蜂起の魂を植え付けているように、私には聞こえた……〉（松本照男著「ポーランドのシベリア孤児たち」。恒文社『ポロニカ』第五号所収）

こうして助け出された孤児のひとりがウラデスラウスという少年。前掲の『波蘭児童救済会の事業沿革』に、そのいきさつが書かれている。シベリア第五師団が壊滅したときのことで、文中、波蘭人義勇軍とあるのはシベリア第五師団のことだ。読みやすい文章にして引用する。

〈……過激派の残酷な攻撃にあい、彼等の組織した波蘭人義勇軍もチェコ軍に裏切られるや、もろくも一敗地にまみれてしまった。当時、義勇軍の幹部はいうまでもなく大部分が戦死を遂げ、負傷した将卒も敵の刀下に倒れるよりは潔く自殺せんものと最愛の妻子をまず自ら手にかけて殺し、続いて自分もその後を追って自殺した。このとき、義勇軍中にコグトニッキと呼ぶ大佐がいたが、身に幾多の傷を負い、力尽きてこれ以上戦うことが不可能なのを知るや数名の将校とともに自分の妻子のいる所へ行き、この世に別れを告げようとした瞬間に大佐は敵に捕えられる身となった。この有様を見た夫人は当時わずか二歳の愛児ウラデスラウスを自ら手をかけて殺し、自分もその場で自殺しようと愛児の胸に刃をかざしたものの、愛くるしいわが子の顔を見てはどうしてその胸を突き通すことができようか。彼女は刃を振り捨てて愛児を抱き上げ、かたわらに立っていた露人にわが子の命を助けてくれるよう頼み、自らはその場で自害した。……〉

頼みのアメリカ赤十字が撤退

こうして救済委員会は多くの孤児を救ったが、その活動は間もなく行き詰まる。赤軍に敗れてコルチャーク臨時全露政府が倒れたため各国の革命への干渉は意義を失い、一九二〇年、イギリス、フランス、そしてアメリカと、順次シベリア出兵の打ち切りを宣言、頼りにしていたアメリカ赤十字社も軍隊のシベリア撤兵とともに本国へ引き揚げてしまったからである。

さらに大きな問題がルーブル（通貨）の暴落とインフレ。救済委員会は活動をスタートさせるに当たって五〇万ルーブルと一五〇円、三五ドルの義援金を集めたという（松本照男著「大正九年　シベリア孤児救済秘話」、雑誌『Voice』昭和五十八年十一月号所収）が、内戦のため猛烈なインフレになり、タマネギ一束が一万ルーブルにも跳ね上がってしまった。資金はたちまち底をついた。孤児収容施設の持ち主からは立ち退きを迫られた。

加えて一九二〇年四月二十五日、独立を果たしたばかりのポーランドとソビエトが戦争を開始する。そのためシベリア鉄道を使って孤児たちをポーランドに送ることも不可能になった。このポーランド・ソビエト戦争については後述する。

八方塞がりになった救済委員会のビエルケヴィチ会長は上海に向かって旅立った。同地ではカトリック教会の司祭モーリュ師に面会、事情を話して児童をアメリカに送るまでの短期間だけ預かってもらえないかと依頼した。一〇〇名を数カ月間だけ預かってもらうことになったが、それ以上は無理だというので、ビエルケヴィチ会長は次に日本に向かう。モーリュ師の助言で函館のトラピスト修道院を訪ねたのだが、期待に反して援助は得られず、女史は意気消沈してウラジオストクに帰って来た。

一方、ヤクブケヴィチ副会長はアメリカに渡り、在米ポーランド人組織にポーランド孤児たちの窮状を訴えて援助を求めた。シカゴのポーランド国民機関は三〇〇人の孤児受け入れを決めた。しかし軍も赤十字社も撤退したあとではそれ以上の具体的な支援策はなく、緊急援助資金として一〇万ドルを送金するのがやっとだった。

このままでは孤児たちを見殺しにしてしまうことになる。万策尽きた救済委員会は緊急会議を開き、最後の手段として日本に援助を頼むことに決めた。

日本に援助を頼むことについては、委員会内部には当初、「宣教師やキリスト教徒をはりつけにしたような野蛮な国に救済を依頼すべきではない」という反対論もあった。実際、ポーランド人として日本に最初にやって来たイエズス会士ヴォイチェフ・メンチンスキは長崎で処刑されている。

メンチンスキ（一五九八〜一六四三）は貴族の家に生まれ、クラクフ大学で学んだのち日本への伝道を志して神父になった。そして一六四二年（寛永十九）年、中国人に変装して薩摩に潜入したが捕えられ、長崎に送られる。七カ月間にわたって拷問を受けたあと翌四三年三月二十五日に絶命。彼の殉教はポーランド人に衝撃を与えたといわれる。

しかし救済委員会には他の選択肢はなかった。たしかにメンチンスキは拷問の果てに殺されたが、それは昔のことで、日露戦争でポーランド人捕虜を厚遇、またシベリア第五師団のチューマ司令官たちを救ってくれた日本に頼るしかないと決断したのだ。

尼港事件が勃発

各国撤退のあとも、日本軍はロシア革命への干渉をあきらめず、なおもシベリアに駐兵していた。ただし、このときは対米協調を重視する原敬内閣（一九一八年九月二十九日成立）になっており、原敬首相はアメリカの抗議に応じて「減兵計画」を策定、総兵力を大幅に削減した。二次にわたる減兵で、七万三〇〇〇人の兵力を二万六〇〇〇人にまで減らしたのだ。さらに一九二〇年三月二日の閣議ではザバイカル、アムール両州からの兵力撤収と、ウラジオストクを中心とする沿海州南部・東支《とうし》鉄道（東清鉄道）沿線だけに重点的に兵力配備するという新方針を決めた。

そこへ図らずも起きたのが同年三月から五月にかけての尼港《にこう》事件。ニコライエフスク事件ともいう。ニコライエフスクは極東ロシアのアムール川（黒龍江）がオホーツク海に注ぐ河口にある港市で、サケ・マス漁業の根拠地。日本人居留者も多く、領事館が置かれていた。日本軍はこの地をシベリア出兵と同時に占領（一九一八年九月）しており、事件発生時は日本人居留民約三八〇人、陸軍守備隊一個大隊、海軍通信隊約三五〇人が駐留していた。同地にはこのほかロシア人一万五〇〇〇人、ほぼ同数の中国人と朝鮮人が住んでいた。

そこへやって来たのがトリャピツィンとその愛人に率いられたロシアのパルチザン約四〇〇

〇人で、同年一月、日本軍部隊を包囲。一カ月近い戦闘で日本軍はいったん降伏するが、三月十一日の深夜になって奇襲をかけ、一般邦人も巻き込んだ熾烈な戦闘に発展した。しかし両者の戦闘力には大差があり、結局日本側は大半が戦死、残った一四〇人も四日後に降伏、全員が殺される。石田虎松副領事一家は自決を遂げた。

この「尼港の惨劇」は日本の新聞に大きく取り上げられて世論は激高、原敬首相も「断固たる処置」を表明する。干渉継続を望んでいた軍部は奇貨おくべしとばかりに駐兵続行を主張、それどころか新たに北樺太占領を宣言（七月三日）し、同地に出兵し始めた。元老の山縣有朋（一八三八〜一九二二）も六月の時点で原敬首相に北樺太占領を勧めている（『原敬日記』）。北樺太には油田があるからだ。ブレーキをかける予定が、一転してアクセルを踏み込んだような格好だ。

なお虐殺の張本人トリャピツィンはソ連に逮捕され、裁判の末死刑となった。

救済委員会に救助されたヴィクトル・アンジェイエフスキ少年（当時一三歳）は、この尼港事件の目撃者である。その証言。

〈ボクの家は街を見おろす小高い丘の上にあったが市街戦の銃弾が家のそばをヒュー、ヒュー飛んでいるような音がしていた。……街には煙が立ちのぼり、日本人の大きな商店、ヤマダ商店が燃えていた。戦闘が終わった後の街には裸の日本人の死体があちこちにころがっていた〉（前掲『Voice』）

ヴィクトル少年の父親は日本軍に民警として徴用されていたためパルチザンに殺された。事件後、ヴィクトルと弟、それに母親はパルチザンの命令で石運びの労働を強いられていたが、母と弟は中国軍の手助けでハバロフスク（アムール川とウスリー川の合流点にある都市）に逃れた。ヴィクトルは一緒に逃げられなかったが、ある晩に年上のポーランド人たちとともにボートで脱出、ボロボロになってようやくハバロフスクに着いた。しかし母と弟は見つからず、街を彷徨していたところを救済委員会のメンバーに保護された。母親と弟の行方はついにわからなかった。

第四章　孤児救済Ⅰ

武者小路公共のアドバイス

アンナ・ビエルケヴィチ会長が単身来日、外務省を訪れたのは一九二〇（大正九年）年の六月十八日。尼港事件の約一カ月後である。初めは陸軍参謀本部を訪ねたが、すぐ外務省に案内された。アンナ・ビエルケヴィチ会長は在ウラジオストク・ポーランド総領事館のカルチェフスキ総領事、極東ポーランド赤十字代表クリスティン・オストロスカ女史、それに在ウラジオストク日本領事館渡辺理恵領事からの紹介状を持参していた。

外務省でビエルケヴィチ会長に面会してくれたのは武者小路公共《きんとも》（一八八二〜一九六二）だった。武者小路公共は大正・昭和期の外交官で、子爵。上海領事やルーマニア兼ユーゴ公使、トルコ大使、ドイツ大使などを歴任、戦後は日独協会会長となった。小説家・劇作家である武者小路実篤（一八八五〜一九七六）の実兄である。武者小路公共はビエルケヴィチ会長の話を聞き、すべて文書にすることをアドバイス、外務大臣宛てにして持参するようにといった。徹夜で文書をタイプしたビエルケヴィチ会長は翌朝、再び外務省を訪れた。

東京都港区の外交史料館には「一九二〇年六月十九日　横浜にて」と末尾に書かれた同会長持参の文書が残っている。フランス語でタイプされ、自筆の署名がある。外務省が作った訳文の一部を、句読点を入れて紹介する（原文片仮名）。

〈……「チブス」に罹りて死したる者、又は過激派と戦ひて死したる者の孤児をも救済するの必要ありたるを以て客年十二月、副會長を西伯利《シベリア》内地に派し夫等《それら》の兒童を集めんとしたるも、不幸にして「チタ」以西に至るの手段なく、且《かつ》多數《たすう》の兒童に對して収容所竝《ならびに》金員《きんいん》を給し能はざる為、唯《ただ》最も不憫と認めたる者のみ救助を與《あた》ふるの已むなき状況なりき。……然《しか》るに目下委員會は他の援助に依るにあらざれば到底成立し得ざる状態に存り、即ち曾《かつ》て幾多の困難の下に集めし義金は「ルーブル」相場の暴落の為に兒童を渡米せしめ得るの期日迄當孤兒院を経営することさえ不可能の状況に陥り、且之《これ》に充當《じゅうとう》したる家屋の所有者より家屋の明け渡しを要求せられ、而かも他に適當なる家屋を發見し得ずすこぶる當惑しつつある状況なり。渡米の途次《とじ》は日本を通過せざるべからざるを以て強大なる日本帝國は該兒童を其の渡米期日迄保護下に置かれんことを切望す〉

この文書を受け取ったのは時の外務省事務次官・埴原正直《はにはらまさなお》（のち駐アメリカ大使。一八七六〜一九三四）であった。

惨また惨

ポーランド救済委員会のアンナ・ビエルケヴィチ会長は、嘆願書と同時に状況報告書を携えて来ていた。シベリアにおいて孤児たちがいかに悲惨な状況にあるかを縷々述べたもので、これも外交史料館に手書きの訳文が残っている。「波蘭避難民児童救済會長ビルケウイッチ提出報告訳文　惨憺たる西利亜　波蘭人の窮状」とあり、以下、長文の報告が続く。読みにくいので句読点を付け、平仮名送りにして一部を引用する。

〈多数の者は馬に乗じて逃れしも、他は寂寞たる道路に遺棄せられしか。彼等は数週若《も》しくは数箇月に亘りて石炭の到着を待居たり、森林の近傍《きんぼう》に赴ける者は木を焚きて暖を取りしも、野原に出て薪を得ること能はざりし者は雪中より数本の木を掘り出し食物を煮たり。而《しか》も焚くべき木を得られざる時は近き村落の垣を壊し、猶《な》ほそれをも焚き尽くしたる上身體強健なる者は東方へと進み、虚弱なる者は止まって凍死せり〉

〈一避難民の直話に依れば、彼は種々恐ろしき光景を目撃し、遂には見慣れて特別の感無きに至りしも、今日尚《な》お忘るること能わざる一事あり。曰く「予は一列車の中を覗きしに、猶《な》ほ命ありと覚しき数個の死體《したい》あり。冷えたる母の死體に覆さりて凍死せんとしつつある幼児等あり。予は斯《か》かる有様を目撃して直《ただ》ちに感ずらく、噫《ああ》親は其の子を被うに己が衣を以てし、残れる食物を輿《あた》へたる後親先づ死して、兒《こ》は之に続けるものなるべし。既に親の凍れる死體あり。而《しか》も小兒等の中には未だ死せず蒼ざめたる両頬には涙の氷《こお》れるあり、其状《そのじょう》未だ全く事切れざるに似たり。何ぞ此光景の悲惨なるや。予は到底之に堪ふること能わざりき」と。〉

ビエルケヴィチ会長の訴えに、日本政府・外務省は深く同情した。ポーランドとの国交を樹立した直後でもあり、また人道的にも見過ごすわけにはいかないと判断したが、しかし費用がない。シベリア出兵による戦費は一〇億円にものぼり、孤児を救済する予算的余裕がないのだ。そこで政府は日本赤十字社に救済事業を引き受けてほしいと要請した。政府・外務省としては、孤児を救済することでシベリア出兵に対する内外の批判がいくらかでも和らぐのではないかという期待があったのかもしれない。軍部にも、大陸に勢力を伸ばすためにはロシア革命政権の敵であるポーランドに一臂《いっぴ》の力を仮《か》すことはプラスになる——という思いがなかったとはいえまい。

シベリア出兵は日本にとって大きな汚点というほかないが、それが結果的に孤児たちに幸いした。

日本赤十字社は日本軍のシベリア出兵に伴い救護班を編成、一九一八（大正七）年八月からウラジオストクを中心に救護活動を展開していた。ウラジオストクには軍隊よりも先に到着し、市民たちを感心させたという逸話も残っている。戦時救護は赤十字本来の仕事であり、ウラジオストクでは病院も開設、一九二二年十月までの四年三カ月間に約六万四〇〇〇人の患者を救護している。

ビエルケヴィチ会長の要請を受け、翌六月二十日には埴原次官から石黒忠悳《ただのり》・日本赤十字社社長宛てに救護を依頼する書状が送られている。「ポーランド国の孤児約三〇〇人を、アメリカ行きの船便があるまでのおよそ二カ月間預かってほしいとポーランド救済委員会から依頼があった。日本・ポーランド両国の国交に鑑み、でき得れば応諾したいが、政府としては経費の関係上、これを引き受けるのは不可能である。ついては貴社に救助を引き受けてもらえば好都合なので、ぜひ考慮していただきたい」との内容だ。ビエルケヴィチ会長の文書・報告書も添付されていた。

日赤の決断

石黒忠悳（一八四五～一九四一）は福島県出身の軍医。九四歳まで生きた。一等軍医として佐賀の乱（一八七四年。佐賀の不平士族が江藤新平らを担いで蜂起した事件）や西南戦争（一八七七年の西郷隆盛らの反乱）に従事したのち陸軍軍医監、軍医本部長、陸軍軍医総監などを歴任した。陸軍軍医としては森林太郎（森鷗外。一八六二〜一九二二）の先輩で、ドイツ留学中の鷗外は日本からやって来た上司・石黒の通訳をやらされている。石黒の日本赤十字社社長就任は一九一七（大正六）年だ。

石黒はすぐに理事会を開いて討議、外務省やアンナ・ビエルケヴィチ会長らと打ち合わせのうえ詳細な計画書を策定し、七月五日の常議会でこれを可決させた。そして原敬内閣の陸軍大臣・田中義一、海軍大臣・加藤友三郎（のち首相。一八六一〜一九二三）の認可を受けたのち外務大臣・内田康哉《こうさい》（一八六五〜一九三六。外交官・政治家。ロシア大使に赴任直後ロシア革命に遭遇。のち子爵）にこう返事した。

「本件は国交上並びに人道上まことに重要な事件にして、救援の必要を認めるにつき本社において児童たちを収容し給養いたすべく候」

救済の受諾である。このニュースをビエルケヴィチ会長はただちにウラジオストクに持ち帰った。同女史はそのときの様子を後年こう述べている。

「興奮と混乱、笑いと喜びの爆発だった。子供たちは私を絞め殺すかのようにきつくしがみつき、興奮のるつぼのなかで『日本に行くんだ』の叫び声がひときわ高く響きわたった」

日本赤十字社は救済実施のためウラジオストク派遣軍司令官の援助を要請、またウラジオ日赤本社臨時救護班長及び日赤の全国各支部、朝鮮本部、満州・樺太両委員部、篤志看護婦人会

ウラジオストク出港前

に対して救済計画の概要を通報して助力を求めた。万全を期すためウラジオストク－敦賀間のポーランド孤児輸送については陸軍大臣に申請して陸軍輸送船に便乗の許可を取り、陸軍運輸部と綿密な打ち合わせを行った。こうしていよいよポーランド孤児救出作戦が開始された。

第一陣が敦賀上陸

ウラジオストク港から第一陣の孤児たちを乗せて敦賀港に向かったのは陸軍輸送船の筑前丸（二四四八トン）。七月二十日にウラジオストクを出港した筑前丸は二日後の七月二十二日に敦賀港に入った。そのときの様子を『東京朝日新聞』（大正九年七月二十三日）は「波蘭の孤児五十余名敦賀へ　貧しき食事に憐れな姿　本日東京に入らん」という見出しの記事で伝えている。

この記事も句読点がないので、句読点をつけたうえ読みやすくして紹介する。

〈東部シベリアにおけるポーランドの孤児五十七名と付添いウヂノフスキー大佐以下五名は、二十二日午前五時、御用船筑前丸にて敦賀に到着せり。うち見たところ十二、三歳の者大部分を占め、年長十六、七歳にて年少者は本年わずかに四歳六ヶ月の孤児もある。いずれも揃いの服に頭陀袋《ずだ》を下げ弱々しい姿で、年長者がパンを切り茶を注いだりして親代わりに何くれとなく世話をしている。孤児は毎食一切れの黒パン、一切れの腸詰肉、一杯のお茶で食事をすませている。わが赤十字社よりは会員三名東京から出迎えに来たり。赤十字の旗をうち振り歓迎すると、小さい少年らは赤十字の旗を見て礼拝し、中には十字を切って感謝する者もあり、ことのほか哀れを感ぜしめた〉

引率者のウヂノフスキー大佐は記者のインタビューに答えてこういっている。

〈天涯によるべなき孤児に対しウラジオ派遣軍司令部より金百円を寄贈され筑前丸においても船客及び船員より四十四円の寄付あり、いずれも日本の厚き同情に感謝しております。東京へ着いてからは赤十字社の好意により福田会に二ヶ月ほどご厄介になり、それより米国に向かうこととなっております。シベリアにはポーランドの孤児は三百名ほどあり、それぞ

れ救護の方法を講じておりますが、今回それら孤児の一部が日本赤十字社のご厄介になったのであります〉

敦賀の松原での孤児たち（敦賀市役所提供）

敦賀に上陸した孤児たちは就将《しゅうしょう》小学校（現在の敦賀西小学校）にひとまず落ち着き、気比《けひ》の松原に遊んだのち午後四時三十六分発の列車で敦賀駅から東京に向かった。気比の松原は長さ一・五キロメートル、広さ四〇万平方メートル、赤松・黒松約一万七〇〇〇本が茂る名勝地で、三保の松原（静岡市）、虹の松原（佐賀県唐津市）と並ぶ日本三大松原の一つ。古代、渤海国など大陸からの使節をもてなした「松原客館」は気比の松原の南側にあったと推定されている。

孤児たちは翌朝東京に到着、東京府下豊玉郡渋谷町字下渋谷（現在の東京都渋谷区広尾四丁目）の「福田《ふくでん》会育児院」に収容された。福田会は仏教系の育児所で、孤児たちの逆境に同情、宿舎を無料で提供した。建物は育児所として作られたものだけに設備も整い、構内には広い運動場や庭園があって樹木も多かった。また日赤本社病院に隣接しているため衛生上の処置を受けるにも都合がよかった。

この福田会は現在も同じ場所で活動を続けている。

設立は一八七六（明治九）年。貧困無告の児童を救うため、今川貞山《ていざん》（臨済宗僧侶。一八二六〜一九〇五）や杉浦譲《ゆずる》（旧幕臣・明治期の官僚。一八三五〜七七）、伊達千広《ちひろ》（自得。幕末・維新期の志士・歌人。陸奥宗光の実父。一八〇二〜七七）などの発議により仏教関係有志によって作られた。在家の発起者としては山岡鉄舟（幕末・明治前期の剣客・政治家）、高橋精一（泥舟《でいしゅう》。旧幕臣。山岡鉄舟は義理の弟）、渋沢栄一（明治・大正期の実業家）、渋沢喜作（明治時代の実業家。渋沢栄一の従兄）、福地源一郎（明治時代のジャーナリスト）、益田孝（明治・大正期の実業家）、三野村利左衛門（明治前期の実業家）、大倉喜八郎（明治・大正期の実業家）、三遊亭円朝（幕末・明治期の噺家）などがいたという。

常盤御殿のおばばさま

明治・大正・昭和期の元老、西園寺公望《きんもち》（一八四九〜一九四〇）の孫に当たる西園寺公一《きんかず》は、その著『西園寺公一回顧録「過ぎ去りし、昭和」』（アイペックプレス発行）のなかでこんなことを書いている。

「福田会というのは、僕が生まれた麻布・赤十字病院のそばにあった孤児院みたいな施設で、常盤御殿のおばばさまが主宰者だったらしい」

少年時代、公一は年に何回か〝常盤御殿のおばばさま〟に連れられて福田会に行ったが、門前に二列に並んだ児童に迎えられ、講堂のような広い所に案内されて一段高い所におばばさまと二人だけで座らされるのが苦手だったという。公一の父・西園寺八郎の実父は毛利元徳《もとのり》（侍従。公爵。一八三九〜九六）。八郎は西園寺公望の娘・新《しん》と結婚して西園寺家の婿養子になったのだが、その実父・毛利元徳の未亡人が〝常盤御殿のおばばさま〟こと毛利安子だ。公一にとっては祖母に当たる。安子は幕末の大名・毛利敬親《たかちか》（一八一九〜七一）の養女。一八四三（天保十四）年に生まれ、一九二五（大正十四）年に没している。

西園寺公一（一九〇六〜九三）は外務省嘱託、近衛文麿（一八九一〜一九四五）首相のブレーンのひとりとして活躍した人物。のち尾崎秀実《ほつみ》（社会主義者・ジャーナリスト。一九〇一〜四四）との運命的な出会いからゾルゲ事件（一九四一年、日本政府の機密をソ連に通報したとしてリヒャルト・ゾルゲ、尾崎秀実らが逮捕された事件。ゾルゲ、尾崎秀実は死刑）に連座したことでも知られる。一九四一（昭和十六）年三月、松岡洋右外相がソ連、ドイツに行ってスターリンやヒトラーと会見したことは前述したが、このとき阪本瑞男、野口芳雄らとともに随行団の一員として西園寺公一も加わっている。近衛首相は「松岡を一人にしておくと何をやるかわからない」と、西園寺に松岡を監視させた。

彼の祖母〝常盤御殿のおばばさま〟については、また後で述べる。ポーランド孤児に深く関係しているのだ。

東京に着いた孤児たちについて、七月二十四日の『読売新聞』は「波蘭の孤児入京　男子三十名、女子二十六名」という見出しで、付添い副団長・ペプリカ氏の談話をこう伝えている。

〈どれもこれも両親がなく、そして無財産の哀れなものばかりですが、そのうち今年五歳になって名のつかない子供がいます。委《くわ》しくは知りませんが、生まれるとすぐ母親がいなくなって、三歳のとき救護会に収容されたので、なお無名のままで無邪気に遊んでおります。あとの団体が二三週間もしたら又来ることになっています。全部が来るのは二ヶ月の後でしょうから、それと一緒に米国に行きます〉

名前もわからない孤児がいたのだ。

福田会に着いた当日の様子については、日赤職員が書いた日誌が残っている（原文片仮名）。

〈七月廿四日（土曜）　晴
午後八時過迄勤　書記　大澤勇

〃五時過迄勤　雇　茂登弥吉郎

一　本日児童一行の荷物全部午前十一時無事到着せるも炊事に取揃るを得ず依って本社に於て給食をなす

一　侯爵夫人鍋島篤志看護婦人会長、子爵夫人本野同副会長山口、松平両同会幹事澤専務幹事を随え来訪、玩具ビスケット等を。また牧田清之助は五十円を成瀬正行氏はキャラメルを寄贈せら る〉

侯爵夫人、子爵夫人らが早速おもちゃやビスケット、キャラメルを持って来て子供たちを歓迎したのがわかる。

東京・福田会に収容

このうちキャラメルを贈った成瀬正行は貿易事業を営み、一代で巨万の富を築いた実業家。川崎造船所や東邦電力、日本瓦斯《ガス》、千代田火災海上保険などの各取締役を歴任している。もともと神戸にいたが東京・広尾に土地を購入、そこにコンドル設計の大邸宅を構えた。J・コンドルはイギリス人建築家で、上野の帝室博物館（関東大震災で焼失）、鹿鳴館、三井倶楽部など高い水準の建物を数多く建築、また教育者として辰野金吾をはじめ優秀な建築家を育て、日本に没した。

もうひとりの牧田清之助は多額納税者として知られた日本橋の呉服商。また馬術界の重鎮で、日本体育協会理事も務めた。

なお、日誌を書いた大澤勇というのは福田会内に置かれた日赤事務所の職員で、児童たちの衣食住に関するいっさいの事務を担当、群がる子供たちから「お父さん、お父さん」と慕われた。

孤児たちはこれ以降、翌一九二一（大正十）年七月六日まで前後五回、ほぼ一年にわたって次々とウラジオストクから敦賀に上陸、東京の福田会に収容された。ウラジオストクから敦賀までの航海には筑前丸のほか台北丸《たいほく》（二四六九トン）、明石丸《あかし》（三二一七トン）、樺太丸《からふと》（一六八一トン）などの輸送船が使われた。孤児たちの敦賀上陸に際しては、その都度、日赤本社の職員が派遣され、敦賀委員部員の援助を得て上陸ならびに汽車輸送の世話に奔走した。敦賀町役場、同警察署、陸軍輸送部出張所、敦賀税関支署、敦賀駅、米原駅などがこれに協力した。運賃も特例で大幅に割引された。

また敦賀町役場では孤児たちに菓子、玩具、絵はがきなどを差し入れ、宿泊や休憩施設を提供した。婦人会からも菓子や果物の差し入れがあった。個人では柴田仁兵衛という人が大量のキャラメルを差し入れしている。孤児たちの上陸について、一九二一（大正十）年の敦賀町役場の記録にはこう記されている（原文片仮名）。

〈日本赤十字社より保護送還せらるる「波蘭孤児」二月二十八日百二十七名、浦潮《ウラジオ》より当港に上陸したるにつき菓子・絵葉書等を贈りまた宿舎の斡旋等一行の慰撫に努めたり。〉

福田会で遊ぶ孤児

孤児たちが敦賀に滞在したのは数時間からせいぜい一泊だったが、その短い時間でも町民はできる限り援助の手を差し伸べた。

ではここで二回目以後に福田会に収容された児童、付き添い人の内訳を見てみよう。

一九二〇（大正九）年九月十七日＝児童一一二人（男子六三人、女子四九人）、付き添い人一一人。

同年十月二十一日＝児童七三人（男子三五人、女子三八人）、付き添い人五名。

一九二一年三月一日＝児童一二六人（男子七五人、女子

施設で食事をするポーランド孤児たち

五一人）、付き添い人一一人。

同年七月六日＝児童八人（男子二人、女子六人）、付き添い人一人。

一回目から合計すると児童三七五人（男子二〇五人、女子一七〇人）、付き添い人三三人となる。児童三七五人のなかにはコグトニッキ大佐の忘れ形見ウラデスラウス少年、尼港事件の目撃者ヴィクトル少年も含まれている。

児童の年齢は九歳がいちばん多く四七人（男子二八人、女子一九人）、次いで一二歳が四四人（男子二五人、女子一九人）、一一歳が四三人（男子二五人、女子一八人）、一〇歳が三八人（男子二二人、女子一六人）、一三歳が三七人（男子一九人、女子一八人）と続く。最年長は一六歳で男子一人、女子二人の計三人、最年少は二歳で女子のみ二人だった。

松沢看護婦の殉職

福田会での孤児たちの生活は、東京市内見物や各種慰安会に出るときは別として、規則正しいものだった。夏場は朝六時、冬場は七時に起床、洗面後はただちに一室に集まって朝の祈禱を行い、その後午前八時に朝食。食事が終わると付き添い人（ポーランド人）の指導で読書や算数の勉強をし、小さい子はその間おもちゃで遊んだ。午後一時の昼食を挟んでまた読書や勉強。午後六時の夕食後また祈禱を行い、午後八時頃には就寝した。

食事は児童の好みと栄養とを考えて付き添い人が調理した。食材は日赤が児童ひとり当たり一日平均七〇銭を負担、おやつは毎日一回支給された。各方面から寄贈されたお菓子や果物が多かった。長い流浪生活のため孤児たちの衣服は惨めなもので、穴のあいた靴を履いている者、裸足の者も多く、見かねた日赤では衣服、帽子、肌着、靴、靴下などすべてを新調して給付した。

衛生面はどうだったか。

孤児たちのなかには病気や栄養失調の者が多かった。とくに心配されたのが腸チフスで、一九二一（大正十）年四月下旬に二一人の児童が腸チフスに感染した。最初の患者は熱を出したため流行性感冒を疑われ、他の児童と隔離して詳しく検査したところ腸チフスとわかりすぐ日赤病院に入院、その後も次々に感染者が見つかった。医師や看護婦の必死の看護で全員が回復し、二週間ほどで終息した。

しかしこのとき、孤児たちを献身的に世話していた松沢フミ看護婦（二三歳）が腸チフスに感染、七月十一日に殉職している。児童たちは優しかった彼女の死に号泣した。

この腸チフス以外に感冒や百日咳、外傷などで四一人が入院したが、いずれも早期退院し、死者はひとりも出なかった。

こうした孤児たちは国民の大きな関心と同情を集め、衣服や靴、玩具、菓子などの寄贈物品は一九七件、金額にして五八八五円に達し、それとは別に寄付金も一八四八円四四銭にのぼった。また諸団体による慰問も盛んに行われた。日本赤十字社に残っている記録を見るとこんな具合だ。《 》内は主催者だ。

一九二〇（大正九）年七月二十九日《福田会》＝福田会講堂で同会児童とともに慰安会を開催、余興として神楽、奇術、独楽回しなど。玩具の寄贈もあった。

同年八月一日《増上寺少女団》＝少女二十四余人が来舎、日本・ポーランド両児童とともに唱歌や遊戯を楽しんだ。玩具、文房具の寄贈あり。

同月七日《仏教有志波蘭児童慰安会》＝福田会講堂で慰安会を開き、奇術、曲芸、少年剣舞などを行った。

同月二十四日《増上寺大僧正・堀尾貫務》＝児童一行を増上寺に招待、宝物などの拝観後は茶菓の饗応。信徒五十余人が一行を接待。種々の寄贈品あり。

同日《毛利公爵母堂》＝毛利公爵邸に児童一行を招待し園遊会を開催。種々の余興、茶菓の饗応あり。児童たちは広い庭園で喜々として遊び戯れた。

同月二十八日《東京府慈善協会》＝府下多摩川公園に招待、昼食の饗応。陸軍軍楽隊の演奏、

水泳競技、鵜飼いなどの余興のほか寄贈品あり。この日は調布町役場、大沢青年団、京王電気軌道株式会社、公園内料理店主人などからも寄贈品。

東京での孤児たち（福田会で）

同月三十一日《公教青年会》＝児童に付き添って上野動物園、帝室博物館を見学。

同年九月二十六日《公教青年会》＝午前中カトリック教会で児童の送迎会開催。茶菓の饗応。

同日《福田会》＝午後、同会講堂で慰安会開催。奇術、神楽、曲芸及び茶菓の饗応。

同日《公教青年会》＝夜、福田会講堂で宗教画幻灯会。

同年十月三日《公教青年会》＝新たに到着した児童を上野公園、帝室博物館に案内。

同月八日《毛利公爵母堂》＝新たに到着した児童のため前回と同じく邸内で園遊会開催。

同月十日《公教青年会》＝前回同様、上野動物園、帝室博物館を案内。

同月十一、十二日《日赤本社》＝児童五六人、付き添い六人は日赤職員に引率されて日光に赴いて見物。十二日夜に帰舎。日赤栃木支部、同地警察署、日光駅などが協力した。金谷ホテルは児童のため宿泊料を破格の割引にした。また同地の個人、団体からは数多くの金品が寄贈された。

公教青年会と毛利公爵母堂

孤児たちを慰める催しはまだまだ続く。

一九二〇（大正九）年十月十六日《仏教有志波蘭児童慰安会》＝八月七日開催の慰安会と同じ。

同月二十四日《東京少年団》＝少年一七人が福田会を訪問、菓子、玩具などを寄贈。

同日《篤志看護婦人会》＝同会長、副会長らの幹部が慰問に訪れ、菓子、玩具などを贈る。

同年十一月二日《公教青年会》＝福田会講堂で幻灯会。

同月八日《毛利公爵母堂》＝新たに到着した児童のため前回同様同邸で園遊会開催。

同月九日《東京府慈善協会》＝福田会講堂で活動写真会を開催。菓子を贈る。

同月十日《仏教有志波蘭児童慰安会》＝前回と同じく福田会講堂で慰安会開催。菓子を寄贈。

同月十四日《丹霊源》＝有楽座に招待、奇術、曲芸、神楽などを見物。

同月二十四日《東京少年団》＝少年七十余人が来舎、日本及びポーランド児童たちと綱引きその他の遊戯を楽しむ。玩具を寄贈。

同月二十七日《慶応義塾々生有志》＝同義塾内の大ホールにポーランド児童を招き音楽舞踏

会を開催。慶応幼稚舎生も参加。茶菓の饗応。

同月三十日《波蘭児童救済慈善音楽会》＝神田美土代町青年会館で慈善大音楽会開催。

同年十二月四日《慶応義塾々生有志》＝福田会講堂で慰問音楽会開催。菓子、文具を寄贈。

一九二一（大正十）年一月六日《日赤本社》＝上野公園に赴き消防出初め式を見学。

同年三月十三日《福田会》＝前回同様、講堂で慰安会を開く。

同月十九日《仏教有志波蘭児童慰安会》＝前回と同じく講堂で慰安会開催。

同日《篤志看護婦人会》＝会長ほか幹部来舎、慰問。菓子、玩具、絵雑誌などを贈る。

同年四月九日《毛利公爵母堂》新たに到着した児童のため前回と同じく園遊会開催。

同月二十四日《公教青年会》＝新たに到着した児童を上野動物園、帝室博物館に案内。

同月二十五日《東京府慈善協会》＝福田会講堂で活動写真会開催。菓子、果物を寄贈。

同月三十日《報知新聞社》＝上野音楽学校でポーランド児童慰安のための少女音楽会開催。日本少女の唱歌に続きポーランド児童の唱歌、舞踊など。収益金三〇三円六七銭はすべて救済会に寄付された。


このなかで目立つのは公教青年会という団体の慰問。この団体はカトリック司祭であり哲学者の岩下壮一（一八八九〜一九四〇）らが中心となって作ったもので、月刊誌『カトリック』を出していたことでも知られる。ポーランド人もカトリックが多いため公教青年会はことに孤児たちに同情を寄せ、前記の慰問だけではなく毎日曜日には付近の会堂に児童を集めて礼拝させ、また児童の到着・出発のたびに必ず送迎し、かつ金品の寄贈をした。当時の会長は海軍大佐の山本信次郎（のち海軍少将。一八七七〜一九四二）。山本は一六歳のときに洗礼を受けた敬虔なカトリック信者で、歴代五人のローマ法王に謁見を許されたことでも知られる国際人である。

もう一つ熱心さが目立つのは「毛利公爵母堂」。孤児たちが東京の福田会に着くたびに芝高輪の毛利公爵邸に招待、広大な庭で児童たちを遊ばせ、その後は同家の奥まった座敷に児童たちを集めて公爵ともども面会し、さらに邸内で茶菓の饗応をしている。児童たちは母堂に花束を贈り、君が代、ポーランド国歌を斉唱した。

実はこの「母堂」が西園寺公一の祖母に当たる〝常盤御殿のおばばさま〟、つまり毛利安子だ。夫の毛利元徳が死去したのち、長男の毛利元昭が毛利家当主となり公爵位を継いでいたため、安子は毛利公爵母堂と呼ばれていた。安子は能楽の保存など文化活動で名を残したが、福田会でも恵愛部部長の要職を務めていた。

彼女はまた日本赤十字社にも関係している。日本赤十字社の誕生は一八八七（明治二十）年だが、同時に有栖川宮妃薫子《ただこ》を総裁とする「日本赤十字社篤志看護婦人会」が作られた。その際、有栖川宮妃薫子とともに発起人として加わったのが安子。他の発起人の名前を挙げれば三条治子、伊藤梅子、山県友子、西郷清子、井上武子、大山捨松と、ものすごい顔ぶれだ。いうまでもないだろうが、それぞれ三条実美《さねとみ》、伊藤博文、山縣有朋、西郷従道《つぐみち》、井上馨、大山巌の夫人だ。前記の孤児慰問諸団体のなかに、この「篤志看護婦人会」が二度ほど出てきている。毛利安子がポーランド孤児たちを繰り返し慰問したのもこれで納得がいく。

孤児、誘拐される

日赤の記録には残っていないが、こんな慰問もあった。一九二〇（大正九）年八月二日、「冨田家」の女将など葭町《よしちょう》の芸妓連が金一〇〇円、及び菓子、五十余筋の手拭いを携えて福田会に孤児たちを訪れたのだ。一日置いた五日には浜町の豊田ちさお、折田はつ、片山喜代、石渡たつといった芸達者たちが土産持参で訪問している。このときはまだ裸足の児童やゲートルの代わりに包帯を巻いている児童もいて、芸妓たちは付き添いのブジースカ女史（二八歳）や年長の孤児コチツカ（一六歳）が幼い孤児たちのため裁縫に余念がないのを見て、思わずもらい泣きした。

こうした数々の慰問や規則正しい生活、栄養価の高い食事などで孤児たちは精神的にも落ち着きを取り戻し、日本語も上達した。たとえば六歳になるゾーヒャ・ブロスカという女の子は、訪ねた新聞記者に「日本は好き？」と聞かれ「ええ好き」と返事、さらに「唱歌を歌ってください な」といわれるとちょっと恥ずかしそうに「君が代」と「うさぎとかめ」をきれいな日本語で歌った。ただ、記者が「パパとママは？」と尋ねると、両手をぴったり合わせて首をかしげてしまった。少し年上の子供たちは、両親や家のことを聞かれると何もいわず、ただはらはらと涙を流すので、さすがの新聞記者もそれ以上は聞けなかったという。

一方、孤児をめぐって不思議な事件も起きている。

同年八月九日、アレキサンダー・カスペラヴィチという一三歳の孤児が陸軍騎兵中尉を名乗る男に連れ出され、行方がわからなくなったのだ。

事件の発端は、先に紹介した日赤職員の書いた日誌に記されている（原文片仮名）。

〈（大正九年）七月廿八日（水曜）晴

午後八時迄勤　大澤勇

〃七時迄勤　山内琢磨

午後陸軍中尉大河内民雄氏来舎「アイスクリーム」「ラスク」を携帯し同人母熊本タカの名義をもって右物品を児童一同へ寄付せられ、なお児童のうち一人を貰い受けたい旨の希望を述べられたれども、目下救済会会長不在につき諾否は即答し能わざる旨、付添人より口頭にて答えられたり〉

この日午後七時まで勤務した山内琢磨も福田会内の日赤事務所勤務の職員で、大澤勇と同様、一年間にわたって孤児たちの世話をした。山内は二十年後、戦渦のポーランドで元孤児たちがどうしているかと心を痛めつつこの日誌を読み直すことになるのだが、それはのちの話。

騎兵中尉の制服を身にまとい、京都第一六師団第二〇連隊付き大河内民雄と名乗る年齢二六、七くらいのこの男は、その後もう一度福田会を訪れ、日赤職員には無断でアレキサンダー少年を連れ出して自動車で銀座や浅草に行っていた。このときはすぐ帰って来たが、八月九日の午前、またもやアレキサンダー少年を連れ出し、今度は十一日になっても帰らなかった。関係者たちは、彼が最初「孤児を一人貰いたい」と申し入れた事実から、どうもアレキサンダー少年を誘拐したらしいと気づき、日赤本社に連絡すると同時に所轄の愛宕署に届け出た。

愛宕署はさっそく捜査に乗り出したが、その矢先の午後六時、アレキサンダー少年がひとりで人力車に乗って福田会に戻って来た。見るとすこぶる元気で、新調のカーキ色半ズボン、新調の白リネンの服を身につけ、頭には白いソフト帽をかぶっている。少し日に焼け、鎌倉や江ノ島の絵葉書を持っていた。福田会で着ていた古い衣服は三越呉服店の包み紙に包んで抱えていた。

大澤勇らが事情を聞くと、騎兵中尉を名乗る男はアレキサンダー少年をまず三越に連れて行って服やズボンなどを購入、そのあと鎌倉まで連れ出して江ノ島では海水浴をさせたという。そして十一日の午前中に東京に戻り、あちこちぶらぶらしてから尾張町のカフェ・ライオン（現在の銀座ライオン）に入ってアレキサンダー少年とソーダ水を飲んだ後、人力車に乗って福田会の近くまで来た所で、自分だけ人力車から降りて姿をくらませたことがわかった。アレキサンダー少年は怖がる色もなく、むしろ愉快そうな表情をしていた。

孤児にさんざんごちそうして人力車で帰したこの男は横浜で警察に逮捕された。本名は熊本十四といい、二二歳になるという。しかし児童に危害を加える意図もなく、親切に扱ったということで、横浜区裁判所は窃盗罪（自家用自動車を雇ったが乗賃を払わなかった）のみで起訴、その他は不起訴とした。アレキサンダー君にとっては、生涯忘れ得ぬ出来事だったろう。

貞明皇后の行啓

こうしたなか、救済委員会のアンナ・ビエルケヴィチ会長は『極東の叫び』という隔週刊の雑誌を発行している。ポーランド語、英語、日本語の三カ国語で書かれ、毎号二〇〇〇部から四〇〇〇部が東京、横浜、京都、大阪、神戸で販売された。ポーランドの歴史や文化、孤児たちの救済の経過、日本滞在の様子、日本文化についての記事などが掲載されており、日本人に熱狂的に支持された。この雑誌は一九二一年（大正十）年九月から一九二二年五月まで、計一〇号が出されている。日本とポーランドとの相互理解を深め、また極東在住のポーランド人の民族的自覚を促したという意味で、彼女の大きな功績のひとつといっていいだろう。

さてここで孤児たちに対する皇室の支援についても触れておく。

皇后（貞明皇后。節子《さだこ》）はポーランド孤児救済事業のことを知るや、孤児たちの境遇を憐れみ、数次にわたって多額のお菓子料を下賜している。

まず一九二〇年八月二十三日、皇后宮職三條主事を福田会に差し向けて収容されている孤児たちを視察させ、お菓子料として二五〇円を下賜。同十月九日には宮内省で五〇〇円を、同十一月六日には大森皇后宮大夫を福田会に差し遣わして金三〇〇円を、さらに翌大正十年三月九日には再び三條主事を福田会に送って孤児たちを視察させ、お菓子料五〇〇円を下賜した。四回にわたって贈られたお菓子料は計一五五〇円となった。

そして同年四月六日、貞明皇后は自ら日赤病院に行啓する。隣接した福田会からアンナ・ビエルケヴィチ救済会会長以下児童たちが奉迎すると、皇后は児童たちを近くに召され、四歳になる女の子の頭を何度も撫でられた。

隔週刊雑誌『極東の叫び』

この女の子の名前はゲノヴェハ・ボクダノヴィチ。児童たちのなかでもひときわ愛らしい子だった。この子の父親は貴族だったが、シベリアで赤軍に捕えられ、それを見た母親は遺書を書いてその場で自殺した。先に紹介したウラデスラウス少年と同じである。ゲノヴェハはただひとり西も東もわからず、四日間というもの木の実を食べてさまよっているところを救済会によって発見、保護された。

そのためか健康がすぐれず、一週間ほど日赤病院に入院、三月二十九日に退院したばかりだった。この女の子は誰よりも早く日本語を覚え、「さあ、早くまいりましょうよ」などといっては周囲の人をほほえませていたものだ。皇后はゲノヴェハの悲惨な身の上を聞いており、ことさらに憐れんで「大事にして健やかに生い立つように」と言葉をかけている。

ちなみにこの行啓はポーランド本国に伝えられ、多くの国民を感激させた。女性作家エラミー・マラクコウスは『慈愛の御手』と題する本を上梓したという。

皇后行啓後の四月十三日、救済会は麻布区霞町天主公教会で感謝会を行った。毎週日曜日、児童たちが付き添い人とともに礼拝する教会だ。この日、児童たちは各自花束を手にして並んで教会まで歩き、同教会宣教師チュルペン師の感謝祈禱のあと君が代、ポーランド国歌を合唱している。宮内庁から大森大夫や三條主事、日赤から平山社長、阪本副社長、篤志看護婦人会から本野副会長、福田会から進、柳谷両夫人、その他ポーランド公使代理や同武官などが列席した。

日赤社長の平山成信《なりのぶ》（一八五四〜一九二九）は明治・大正期の官僚で、第一次松方内閣の書記官長、大蔵省官房長などを経たのち枢密顧問官になる人物だが、同時に日赤創立以来ずっと理事を務め、大正九年九月、石黒忠悳からバトンを受け継いで社長になった。なお石黒は孤児救済事業が始まった大正九年七月に子爵となる。推薦したのは田中義一陸軍大臣と加藤友三郎海軍大臣。原敬首相は石黒について「スタンドプレーが目立つ」としてそれほど評価していなかったが、渋々子爵にのぼらせ、その旨を宮内庁に通達（大正九年七月十九日）した。

皇后陛下への感謝会が行われた麻布区霞町天主公教会では、前月の三月十九日にも孤児たちが集まってミサが行われている。早朝、教会の鐘の音とともにポーランドの児童たちが二列に並んで賛美歌を歌いながら教会に参集した。いったいどこからこんなにたくさんの外国の子供たちが出て来たのかといぶかる人には、近所の者が彼等はシベリアから救済されたポーランドの子供たちだと説明した。彼等が集まったのは祖国のユゼフ・ピウスツキ国家主席のためだった。ユゼフという名前は聖ヨセフにちなんだものだが、三月十九日はその聖ヨセフの祝日なのだ。チュルペン師（フランス人）はユゼフ・ピウスツキがポーランドに自由をもたらしたことを児童たちに話し、そのあと児童たちは日本の信徒とともに聖歌を合唱している。

アメリカへ

五回にわたって敦賀から東京に来た児童たちは、それぞれ百日近くを福田会で過ごし、順次アメリカに向けて旅立つことになった。

第一陣の出発は大正九（一九二〇）年九月二十八日。十日ほど前の九月十七日にウラジオストクから敦賀を経て一一二人の孤児が福田会に到着（第二回目の輸送）したばかりで、入れ替わる形での出発となった。

この日、十二時三十分東京駅発の列車で横浜港に向かったのは男子三〇人、女子二六人の計五六人。東京駅では平山日赤社長、日赤病院の職員、ポーランド公使館員らが児童たちを見送った。横浜港にはアンナ・ビエルケヴィチ救済委員会会長、大村福田会理事長、日赤神奈川県支部職員、篤志看護婦人会会員、ポーランド領事などが見送りに来ていた。この際も児童には菓子、玩具、果物など多くの物品が贈られた。

児童たちは日本郵船の「伏見丸」(一万九四〇総トン)に乗り込み、甲板上から大きな声で繰り返し「ありがとう」「さようなら」といい、「君が代」とポーランド国歌を歌った。伏見丸の解纜《かいらん》は午後三時。別れを惜しんで涙を流す児童も多かった。

ここでポーランド国歌について触れておく。

ポーランド国歌は「ドンブロフスキのマズルカ」と呼ばれている。ドンブロフスキとはポーランドの軍人(将軍)であり国民的英雄のヤン・ヘンリク・ドンブロフスキ(一七五五〜一八一八)のこと。彼は一七九二年、ポニャトフスキの下でロシアとの戦闘に加わり、二年後の一七九四年にはコシチューシコの蜂起に参加、コシチューシコから将軍の地位を与えられた。蜂起が失敗に終わり、第三次分割でポーランドが消滅すると、ドンブロフスキはヨーロッパ征服戦争中のナポレオン指揮下に入り、ミラノ(イタリア)で亡命ポーランド人部隊を編制、一七九七年から一八〇三年初頭までナポレオン側で戦った。

第一回救済事業で渡米直前の子供たち

このドンブロフスキ将軍率いる亡命ポーランド人部隊の軍歌として書かれたのが「ドンブロフスキのマズルカ」で、作詞者はドンブロフスキの親友であるユゼフ・ヴィビツキ。「ポーランドいまだ滅びず、われら生きるかぎり。……進め、進め、ドンブロフスキ、イタリアの地からポーランドへ、汝の指揮のもとわれら国民と結ばれん」という勇壮なこのマズルカ（ポーランドの民族舞曲）は、以後ポーランドの民衆によって歌い継がれ、第一次世界大戦後、国歌として定着した。正式に国歌として制定されたのは一九二六年である。

別れに当たってこのポーランド国歌、それに「君が代」を合唱した孤児たちを乗せて、伏見丸が目指したのはシアトル。アメリカ太平洋岸、ワシントン州最大の都市だ。丸二週間の航海ののち、児童たちがシアトルに到着したのは十月十二日。

続いて第二陣が横浜港を出発したのは十月二十一日。同じく日本郵船の香取丸（一万五一三総トン）で男子二九人、女子二六人の計五五人がシアトルに向かった。以下、第三陣は同十二月六日、日本郵船の諏訪丸（一万一七五八総トン）で男子六五人、女子六〇人の計一二五人。第四陣は大正十（一九二一）年三月四日、再び諏訪丸で男子のみ二五人。第五陣は同年六月十八日、伏見丸で男女二五人ずつの計五〇人。そして最後が同年七月八日、香取丸で男子二八人、女子三一人の計五九人と続いた。総計三七〇人である。敦賀に上陸、福田会に収容されたのは計三七五人だが、このうち五人は事故のためアメリカには渡らず、男子三人がウラジオストクに送還（十二月二十七日）され、女子二人がポーランド公使館に引き渡された（翌大正十年三月六日）。

皇后陛下に言葉をかけられたゲノヴェハは最後の便でアメリカに渡った。本当は六月十八日の便（第五陣）で渡米するはずだったが、体調が悪く入院していたため、予定の便には乗れなかった。第五陣出発直後は、寝間着にしている棒縞の衣服の袖で顔を押さえて、ただ泣くばかりだったが、何とか最終便に間に合った。

児童たちは、しばらくアメリカに滞在したあと、アメリカに残ることになった一五人を除く全員が無事に祖国ポーランドに帰って行った。日赤にはシアトルやシカゴのポーランド国民委員会、ポーランド赤十字社、ポーランド労働大臣などからの感謝状が数多く寄せられた。たとえばポーランド衛生長官は、ポーランド孤児に対する日本国民の「義侠なる行動」に深く感謝し、次のように述べている。

「……ポーランド児童が横浜を出発するに際し惜別と謝恩の涙を流したのは、児童に対する救助がいかに貴重だったかを証明する最良のものです」

こうして一九二〇年から一九二一年にわたるポーランド孤児救出作戦は終了した。

第五章　孤児救済Ⅱ

残された二〇〇〇人の孤児

アンナ・ビエルケヴィチ以下、ポーランド救済委員会はほっと一息ついたが、しかし休んでいる暇はなかった。シベリアにはまだまだ多くの孤児たちが救出を待っていたからである。救済委員会のヤクブケヴィッチ副会長らが調査したところによれば、アムール、ザバイカル、及び沿海州地方に散在する孤児たちの数は二〇〇〇人にものぼっている。その内訳は次のとおりだ。

ウラジオストク及びその近辺　二五〇人
ハバロフスク及びその周辺　三三〇人
ブラゴウエチェンスク並びにアレキセーフスク　四一五人
ハルビン及びその付近　二二二人
チタ　第一部　三一二人
チタ　第二部　二四六人

ウエルフネウジンスク　　二九一人

計二〇六六人である。

救済委員会では初め、これらの児童たちをシベリア鉄道でポーランドに送還しようとした。ネックになっていたポーランド・ソビエト戦争が終わったからである。

ポーランドとソビエトの戦争は一九二〇年四月二十五日に始まり、翌一九二一年三月十八日に終結した。ようやく独立を勝ち取ったポーランドは、百二十数年前に国家が消滅させられたときの最大版図（領土）を回復させようと、内乱と外国からの干渉で疲弊したソビエト・ロシアに戦いを挑んだもので、五月六日にはキエフ（現在はウクライナの首都）を占領するなど、最初はポーランド軍が優勢だった。

しかしソビエト軍は北と南から反撃を開始、カーゾン線までポーランド軍を押し戻した。カーゾン線というのは一九一九年、第一次世界大戦の終結に当たって連合国最高会議が決定したポーランドの東部国境線だ。ここに至って西欧列強が「これ以上は進軍すべきではない」と警告、ソビエト国内でもトロツキーらが反対したが、レーニンはあえてこれらの声を無視した。進軍することでポーランドやその周辺国に革命が広がることを期待したからである。

こうしてソビエト軍はポーランド軍を蹴散らしながらワルシャワに殺到、ワルシャワは陥落寸前になった。

しかしここでポーランドの農民や労働者が激しく抵抗し始めた。神の存在を否定するボリシエビズムの脅威が彼らの愛国心を燃え立たせた。またソビエト軍がビスワ川に近づくにつれ、何千人という学生たちも義勇兵に志願してきた。こんな状況下でユゼフ・ピウスツキ国家主席率いるポーランド軍が決死の反撃に出る。八月十六日から十八日にかけ、ピウスツキは南方からポーランド軍の代名詞ともいうべき騎馬兵を突入させてソビエト軍を大きく後退させたのだ。これが「ビスワ川の奇跡」と呼ばれる戦闘だ。ビスワ川はワルシャワ市を南北に貫流するポーランド最長最大（全長一〇六八キロメートル）の川だ。このときの様子をひとりの日本人が目撃している。一九一九年から軍事使節としてポーランドに駐在していた陸軍の山脇正隆大尉（のち陸軍大将。一八八六年〜一九七四）だ。彼はこう語っている。

〈ポーランド側の勝利は、ひとえに作戦計画の賜物でした。あれはピウスツキの立てた作戦だったのですよ。……ピウスツキは軍事問題に関する経験や知識が豊富だったばかりでなく、外交と内政についても優れた感覚と理解力をもっていました。私の知る限り、当時のポーランドでもっとも傑出した政治家でしたね〉（前掲書『日本・ポーランド関係史』）

ソビエト国内では一九二一年の春、クロンシュタットの反乱（バルチック艦隊の基地・クロンシュタットで起きた水兵たちの反政府反乱）が起き、そのショックも加わってソビエト軍はとうとうポーランド軍に屈服、ウクライナやベラルーシを折半するなど、ポーランドに譲歩した講和条約（リガ平和条約）締結を余儀なくされた。分割前の全領土を回復するというポーランドの願いは実現しなかったが、レーニンの世界革命の夢もまた潰えた戦争であった。

シベリア鉄道の悲劇

戦争終結を受け、ウラジオストクのポーランド救済委員会は二〇〇〇人余の孤児たちをシベリア鉄道で送る計画を立てたのだが、しかしここで悲劇が起きる。ヤクブケヴィチ副会長がいったんポーランドに帰国して打ち合わせをし、送還委員会を設置して汽車輸送に着手したのだが、ポーランドへの道のりが余りにも長く、またボリシェビキの制度では他国人に旅行中の食糧調達をいっさい禁じていたため、飢餓と病気で次々と倒れたらしく、ポーランド国境に列車が着いたときには数十人いた孤児はひとりも残っていなかったのだ。

一九二一年当時のソビエトでは内乱と旱魃《かんばつ》のため大飢饉が発生、夏までの半年間で三〇〇〇万人以上の人々が飢餓状態に陥り、うち三〇〇万人が餓死した。ソビエト国内では政府の許可を得て七月二十一日に民間組織「全ロシア飢餓救済委員会」が設置され、外国に飢餓救援を訴えた。続いて八月二日にはレーニンも諸外国に援助を要請している。

これに対し、いちはやく反応したのがアメリカで、政府機関「アメリカ救済局」はソビエト国内に投獄されているアメリカ人解放を条件に一〇〇万人分の食糧援助を申し出、同年八月二十日、ソビエトと協定を結んだ。ところがソビエト政府は一週間後の八月二十七日、突然全ロシア飢餓救済委員会を解散させてしまう。同委員会が食糧援助要請のため外国に派遣する代表団を結成したことに対し、「反革命活動」だとして委員会のメンバーを逮捕したのだ。メンバーは陰謀罪、スパイ罪で銃殺判決を受ける。国際世論の圧力で死刑判決は取り消されたものの、これではさらなる外国の援助は期待できない。飢餓はますます広がり、翌一九二二年の餓死者は九〇〇万人ともいわれる。孤児及び引率の送還委員たちは、たとえボリシェビキの規則（他国人の食糧調達不可）がなかったとしても、食物の入手は難しかったに違いない。

おまけに病気の問題があった。シベリア鉄道の列車内にはチフスなどの伝染病が蔓延し、ソビエト・ポーランド国境付近の病院には伝染病患者があふれていた。これらの病院もすべて見て回ったが、やはり孤児たちはひとりも見つからなかった。

そこでポーランド救済委員会は再び日本に援助を申し込むことにした。以上のような状況から列車での救済はほぼ不可能で、船で祖国まで運ぶしか方法がないと判断したのだ。そうなると頼れるのは日本以外にはない。第一回目の救済事業で協力してくれたアメリカ・シカゴの「ポーランド国民機関」はすでに解散していた。

アンナ・ビエルケヴィチ会長が児童救済の嘆願書、及び在日本ポーランド公使（スタニスワフ・パテク）の依頼状を日本赤十字社の平山社長に提出したのは一九二二（大正十一）年三月二十二日。嘆願書は次のような内容だ。日赤本社に残っている資料から一部を紹介する（原文片仮名）。

〈先に西利亜に漂鼠《ひょうそ》せし三百七十余名の不幸なる児童が日本赤十字社の慈恵に依りてその生命を救われたる恩義は、彼等一同終生忘れんとしても忘るる能わざる所なり。然るに西利亜にはなお二千余人の同一不幸なる児童が救助を叫びつつあり。……今後の輸送は汽船に依るのほかにその途なきも、在合衆国波蘭人の救助団はすでに解散し、我が救済会は全く無援の地位にありといえども彼等児童をして空しく死を待たしむるに忍びず、この際日本を措きて他に頼るの途なきが故に、願わくば日本赤十字社の宏量無辺なる慈眼をもって照鑑せられ、本国まで汽船輸送の高義仁俠に浴せしめられたし〉

そこで日赤ではアンナ・ビエルケヴィチ会長に児童救済にいくらぐらいかかるか、その経費の見込額を照会するとともに、ウラジオストクに派遣中の日赤社員・川畑救護班長にシベリアでの実情調査を命じた。六月二日に届いた川畑救護班長の回答は次のようなものだった。

「現地にいるポーランド児童は最年長一五歳、最年少三歳ぐらいで、児童の数はおよそ二千人。ウラジオストクにはおよそ三百余人がいて、うち五十余人はウラジオストクのポーランド寺院に、三十余人は同国赤十字社に収容されている。彼等の保育費用は同国居留民会、赤十字、及びウラジオストク市によって賄われているが、これらはいずれも微々たるもので、そのうちでは有力なウラジオストク市からの救済は五月をもって終了している。その他の二百余人はおのおの縁者などに引き取られているが、その保護者たちは働くに仕事なく、本人が食べるのに精一杯。児童たちはようやく飢えを凌いでいる状態である。

それでもウラジオストクはましなほうで、その他各地にいる児童は救済機関も何もなく、その困苦のほどは推して知るべし。」

二回目の孤児救済へ

この報告で児童たちを至急救い出さなければいけないのはわかったが、問題は費用だった。ビエルケヴィチ会長が試算してきたところによると、児童二〇〇〇人、付き添い人二〇〇人（二回目と同じく児童一〇人につき大人一人の割合）を船で直接本国のダンチッヒまで輸送するとなると、日本郵船は運賃の割引を約束してくれたものの、延べ六カ月（うち二カ月は不測の事態への予備）かかって費用総額は一二三万一八四六円に上るという。一回目救済時の費用総額は四〇万三〇一三円三九銭だったから、三倍近くになる計算だ。

日赤では審議を重ねた結果、すべての児童を救済するには費用がかかりすぎて本社では到底その負担に耐えられないため、もっとも急を要する児童約四〇〇人を選んで救済することを決議、平山社長がその旨をパテク・ポーランド公使に通達した。パテク公使の返答は次のとおり（原文片仮名）。

〈かかる慶報が波蘭国内に伝播するや一人たりとも日本のために熱心なる謝意を表せざる者あらざるべく、また一人たりとも日本のために祝福の語辞を発せざる者なかるべし。はたまた送還せらるる児童が成長し国民となるに至るときは、これらの者は日本の高尚なる行動を伝播し波蘭国内に日本の光輝を宣揚せしむるべし〉

日赤では六月三十日に臨時常議会を開き、児童四〇〇人、付き添い四〇人を一時日本に収容のうえダンチッヒまで輸送することを決議した。

近づくシベリア撤兵

日赤とポーランド救済委員会が交わした覚書によると、児童の一行は敦賀に上陸させたあと大阪へ汽車で輸送し、乗船の準備が整うまでは大阪に滞在することになった。ダンチッヒへの輸送船には神戸より乗船、神戸―ロンドン間は日本郵船に、ロンドン―ダンチッヒ間はイギリス船に依頼する。児童たちはロンドンで船を乗り換えなければならないため、ロンドン到着時は同地駐留ポーランド公使がひとまず児童を受け取り、以後の監督は同公使が行うこととなった。

今回の児童救済はことさら急ぐ必要があった。

日赤が救済を決議した六日前の六月二十四日に、加藤友三郎内閣は十月末までにシベリアから撤兵する旨を内外に公表していたからである。一九二一年十一月四日に原敬首相が東京駅頭で刺殺されたあと、同じ政友会の高橋是清が首相になったが、その高橋内閣も専門学校の大学昇格問題などで閣内対立が激化し、一九二二年六月十一日に総辞職、加藤友三郎内閣が誕生したばかりだった。

また一方では極東共和国人民革命軍のウラジオストク入城も迫っており、迅速に救済事業を行わなければならなかった。極東共和国というのは、日本軍のシベリア駐留が続いたのでザバイカル州のソビエト化が遅れ、ひとまず緩衝国として作られた政権だ。一九二〇年四月から一九二二年十一月まで二年半存在した。

実際に日本軍が撤退したのは一九二二年十月二十五日で、これと入れ替わりに同日午後五時、極東共和国人民革命軍がウラジオストク市内に入り、ここにボリシェビキ政権の支配は太平洋岸にまで及ぶこととなった。

この日本軍撤退が目前に迫っていたため、日赤はすぐに陸軍、海軍両大臣の認可を取り、外務大臣に伝達したうえで各支部長に通達した。このときの陸軍大臣は山梨半造（大将。一八六四〜一九四四）、海軍大臣は加藤友三郎。加藤は首相兼任だ。外務大臣は原内閣、高橋内閣に続き内田康哉が務めていた。日赤はさらにウラジオストク乗船委員、船内委員、敦賀上陸委員、大阪収容所委員、神戸乗船委員を設け、実施に当たらせることにした。この決定を受け、救済会のアンナ・ビエルケヴィチ会長は四〇〇人の児童選定のため、急ぎウラジオストクに戻って行った。

児童収容所には大阪市立公民病院（現在の大阪市立病院）看護婦寄宿舎が充てられた。大阪市の厚意で無料借用となった同寄宿舎は大阪府東成郡天王寺村字脇ヶ丘にあり、新築二階建ての洋館。遠く生駒山や大阪湾を望み眺望絶景、また建物も広く、前庭は広い運動場になっていた。児童を収容するには好適だった。

こうして準備を整え、いよいよ児童の輸送が始まったのは八月五日。

同日、陸軍輸送船の明石丸（三二二七トン）が児童一〇七人、付き添い人一一人の計一一八人を乗せてウラジオストクを出港、八月七日に敦賀に到着した。敦賀港上陸に際しては、第一回目のときと同様、敦賀町役場、敦賀警察署、敦賀税関支署、陸軍運輸部敦賀出張所などが協力、また輸送に関しても敦賀運輸事務所、敦賀港駅、敦賀駅、米原駅などが多大の便宜を図った。運賃も特例で大幅に値引きされた。一行はその日のうちに敦賀駅から汽車で大阪へ。大阪市立公民病院看護婦寄宿舎に収容されたのは翌八月八日の朝だ。

続いて八月十二日に同じ明石丸が児童一二九人、付き添い人一二人の計一四一人を乗せてウラジオストクを出発、八月十四日に敦賀に着いた。このときは敦賀で一泊し、翌日の十五日に宿舎へ。

さらに第三回目は八月二十七日に同じく陸軍輸送船・台北丸《たいほく》（二四六九トン）に乗船して児童一五三人、付き添い一六人の計一六九人がウラジオストクを出港、二十九日に敦賀港に入り、その日のうちに汽車に乗って翌三十日に大阪の宿舎に収容された。輸送された児童の人数は合計で三八九人、付き添い人同三九人、総計四二八人。第一回輸送の児童はウラジオストク及びニコライエフスク方面の居住者、第二回はハルビンとチタ方面居住者、第三回はブラゴエスチンスク及びハバロフスク方面居住者だ。

孤児たち、次々に大阪へ

ここで当時一四歳だったヴェロニカ・ブコビンスカという少女の日記を紹介する。彼女が敦賀に着いた日の記述だ。

〈……わたしたちは船から宿泊所に連れていかれた。宿舎の前にはニホン人が出迎え、お話をしてわたしたちを歓迎してくれた。宿舎は入る前には靴を脱ぐように言われたが、靴をはいていない人は足を洗うようにと言われた。宿舎に上がり、わたしたちはそれぞれの部屋に向かった。……部屋をながめたのち、バルコニーに出てみた。展望はすばらしかった。バルコニーの前方に色鮮やかな海がいっぱいに広がっていたが、そこは外海ではなく湾内の海だった。湾内の遠くに見える岸には青いマントをかぶせたようなきれいな岩が重なり合っていた。湾内のあちこちには船が見え、岸の左右には木々や建物が建っていた。〉

〈……しばらくしてお昼の知らせがあった。昼食はマットの上の床で食べることになり、他のニホン人と同じように足を折り曲げて床に座った。食事をとる前にツルガの代表者の人が挨拶し、通訳された。そのなかでわたしたちが来たことはとても嬉しい、だがツルガでの滞在が一日だけなのは残念だと言われた。竹製のナイフとフォークが用意されており、食事の後にはそれを持ってかえるように言われた。食事はとてもおいしかった。食事の後にわたしたちはお菓子や飴をもらったが、これはツルガの人々からのプレゼントだと言われた。お土産が配られた後、街の見学と海に泳ぎに行くグループに分かれた。わたしはとても疲れていたが、身体が汚れていたので泳ぎに行くことにした。水はとても温かかった。〉（前掲書『Dzieci syberyjskie シベリア孤児』）

敦賀で一泊したのは明石丸で八月十四日に着いた組だけだから、ヴェロニカ・ブコビンスカはこのときの一二九人のなかにいたことになる。

敦賀から大阪の宿舎に収容された児童の人数は、前回救済事業のとき日本に残っていた一人が加わって総数三九〇人。年齢は最年長が一五歳、最年少が一歳。到着した児童たちは前回救済時と同じく衣服の破れ、汚れの目立つ者が多く、夏なのに冬服を着ている児童もいた。また裸足の者も少なからずいたので、収容所に到着後とりあえず浴衣、靴を支給した。のち日本を出発する際には洋服一着ずつを新調、また航海途上の秋冷えを考えて毛糸のチョッキを支給している。

最初に児童たちが到着した八月八日の収容所の記録（救護日誌）があるので、要約したものを紹介しておく。

〈八月八日　晴　火曜

いよいよポーランド孤児の到着である。この日、敦賀の上陸委員から電話が入った。ポーランド児童団は、午前四時三十六分大阪梅田駅着である。支部職員、飯田委員らは同駅まで迎えに出た。ポーランドの子供たちは、初めての日本である。旅の疲れも、放浪の疲れもあるだろうが、やっぱり不安なのだろう。押し黙ったまま、元気がない。電車を乗りついで、六時頃、天王寺の収容所に着いた。木村主事が「もう心配はいらないよ、元気を出して、ゆっくり休みなさい。ご苦労さまでしたね」とやさしく慰めの言葉をかけた。ほっとしたのか、子供たちは、おいしそうに朝食を食べた。朝食のあと、各自の寝室に入って昼寝となった。小さい子供は、疲れていたのか、すぐにかわいい寝息をたてた。けれど年長の子はまだ寝つかれずに、不安げな目をあけたまま、横になっていた。〉

この日、所轄の今宮警察署長が心配して午前と午後の二回、収容所事務室を訪ね、念のために以降巡査一人を警備に配置することになった。前回、東京の福田会で児童の誘拐騒ぎがあったため、万全を期したのだ。

天王寺動物園に大喜び

児童たちの起居は規則正しいもので、起床は午前六時。洗面後祈禱を行い七時に朝食。午前中は学科、音楽の練習をし、正午に昼食を摂る。午後は随意に遊んで午後六時に夕食。午後八時に祈禱、就寝となる。衛生・医務については、日赤本社大阪支部病院小児科医長及び同医師二名がこれに当たった。医長は毎週二回、医師は交代で毎日ひとりが収容所に赴いて診察した。また収容所に隣接する大阪市立産院天王寺分院でも不時の患者が出たときは随時診察、応急の処置を施した。支部病院の看護婦のなかにロシア語に堪能な者がいたので、診療上便利だったうえ、児童にも安心感を与えた。収容当時、多くの児童が栄養失調で顔色が悪く、元気がなかったが、日が経つにつれ栄養状態がよくなり、動作も活発になった。

こんな児童たちに対し国民はいたく同情し、帰国までに寄付金総額が八五七一円五五銭、物品は衣料品、日用品、玩具、食べ物など、総数一二八点に及んだ。日赤の記録には、「敦賀町婦人会代表の大和田球子が瓜と水蜜桃、同じく敦賀の宮崎相吉が氷柱四〇貫、同金子吉祇が菓

大阪市立公民病院看護婦寄宿舎で

子、同浅川道三が仁丹大箱」なども見える。

貞明皇后からもお菓子料として金一〇〇〇円が下賜され、受け取った東京の日赤本社から阪本副社長が大阪に派遣されて伝達式が行われた。児童たちが整列するなか、貞明皇后から下賜があった旨が阪本副社長から報告され、アンナ・ビエルケヴィチ救済会会長に下賜金が交付された。救済会と児童たちは八月二十日に公教青年会会員の付き添いで玉造《たまつくり》のカトリック教会に赴き、感謝祭を行っている。

また児童たちにはさまざまな慰安行事も組まれた。概況は以下のとおり。《》内は主催者だ。

八月十四日《収容所》＝天王寺公園、動物園の見学。

同月十五日《公教青年会》＝同会員が付き添って教会で礼拝。

同月十八日《収容所》＝大阪市内見物。

同月十九日《収容所》＝天王寺公園、動物園見学。

同月二十日《公教青年会》＝午前中は前述の感謝祭。午後は収容所で幻灯会を開催。

同月二十七日《公教青年会》＝同会員の付き添いで教会へ礼拝に。

同月二十九日《大阪密教青年会》＝大阪市福島区了徳院に児童及び付き添い人を招待、茶菓の接待。

同月三十一日《収容所》＝午前、天長節の祝賀式を行う。

同日《前田写真館》＝収容所において活動写真会開催。

九月一日《収容所》＝天王寺公園、動物園見学。

同日《城南教会》＝収容所で活動写真会開催。

同月二日《収容所》＝大坂城見学。続いてルナパーク観覧。

同月三日《公教青年会》＝同会員の付き添いで教会の礼拝。

同月四日《清水高等女学校生徒》＝同校生徒三〇〇人が訪れ慰問袋を寄贈。また日本、ポーランド両国歌を合唱。

同日《関西日報社》＝市公会堂で慰安会を開催、晩餐の饗応、活動写真などの余興。

このうち、とくに児童たちを楽しませたのは天王寺動物園。生まれて初めて象に乗せてもらい、みんな興奮と喜びで大はしゃぎだった。八月十四日、同月十九日、九月一日の三回も行っているのは、三次にわたって収容所に着いた児童たちをそれぞれ連れて行ったからだ。

また八月三十一日の天長節の祝賀についていうと、児童たちは前夜から密かに「君が代」の特訓をした。オルガンを篤志家から借りてきて信愛高等女学校の先生が指導役になり練習に励んだところ、三、四時間で「君が代」を歌えるようになり、一同は大喜びで夜の明けるのを待った。当日は早朝から身支度を整え、まず一行中の牧師がお祈りをし、終わって一同収容所前庭に整列。それから東の空に向かって三分間遥拝し、「君が代」とポーランド国歌を合唱した。

大坂城の見学には一二〇人余で出掛け、むかし豊太閤（豊臣秀吉）という英雄が築いた城だと日赤職員が説明すると、チタの中学校で地理を教えていたという付き添いの男性が「日本はずいぶん残忍な国だと思っていたが、来てみるとまったく反対でまことに親切な、同情心の深い国なので非常に驚いた」と感想を漏らした。

帰りにとある工場の前を通ると、浅葱色の職工服を着た人がそばに来て「ちょっと来てください」というので日赤職員がついて行くと、工場主らしい人が出てきて「はなはだ些少だが、子供たちに草履でも買ってやってほしい」と五〇円を差し出した。職員はすぐダウテル団長を呼び、こもごも礼をいってこれを受け取るという一幕もあった。ダウテルは児童、付き添い人を引率して祖国へ向かう帰国団の団長である。

神戸から祖国へ

こうするうちに出発の日がやってきた。

第一陣は八月二十五日、香取丸（一万五二三トン）で神戸から出港することになった。出発前日には帰国児童たちが収容所の前庭に集合、整列し、木村大阪支部主事が「みなさん、お元気で」と送別の言葉を贈り、ダウテル団長から「ありがとうございました」とお礼があった。児童たちは「ポーランドばんざい」「日本ばんざい」「赤十字社ばんざい」と叫び、その声は真っ青に晴れた夏の空に大きく響いた。

そして当日。収容所の記録（救護日誌）にはこうある。以下はその要旨。

〈八月二十五日　晴　金曜

いよいよ、きた。この日は第一回の帰国児童の出発日である。まだ、日本もポーランドも理解できない二、三歳児童が十八人もいる。十歳までの小学校低学年児童が百四十八人である。まだ見ぬ祖国へ、印度洋を越え、数百海里の航海の長旅である。「無事であれ」を祈る心で送る。

午前三時、夏の朝とはいえ、まだ星空である。小さい子は寝ぼけ目でキョロキョロする。その子たちを一人一人起こしての出発準備である。大きい子がそれぞれ小さい子の荷物を持ち肩にかけ、午前五時半、収容所を出た。小さい子はまだ居眠りをしている。その子の手を引いて、みんなは並んで市電の停留所へ向かった。梅田駅に着く。梅田駅は、阪本副社長、志賀本部書記、公教青年会、支部職員らの見送りで、プラットフォームは賑わう。午前六時

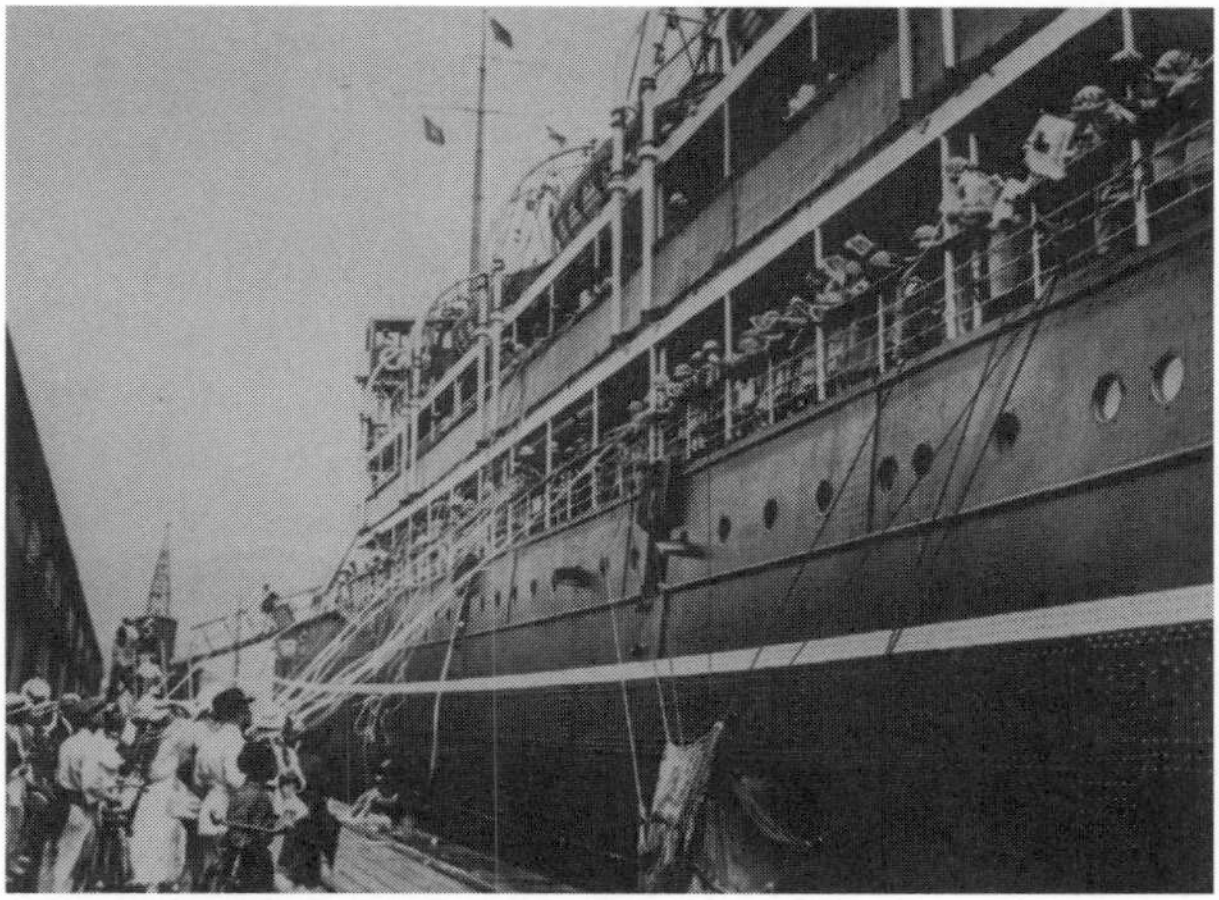
神戸港から出港する孤児たち

四十分、列車は大阪駅を離れた。七時半、三ノ宮駅に着く。下車。並んで神戸港埠頭まで行進。港で荷物を降ろし、休憩する。大きな船が岸壁に横付けになっている。午前十時半、乗船が始まった。児童たちはタラップを行儀よく並んでそろそろ上る。

十一時、ドラが鳴る。出港を告げる汽笛が低く響いた。とも綱が解かれ、船は静かに、すべるように動き出した。デッキは児童たちが鈴なりになって、大きく手を振る。港からは「君が代」が流れ、船からはかわいい、そして大きい声のポーランド国歌の合唱がかえってきた。「ありがとう」「さようなら」と叫んでいるのであろう。船は離れ、その声は港までは届かなかったが、送る人、送られる児童の顔には別れを惜しむ涙があった。埠頭では阪本副社長、折原支部長、阪本幹事、中村幹事、堀永愛国婦人会兵庫県支部主事、大阪と神戸の公教青年会員、赤十字社の本部職員、支

部職員が、船が明石沖に姿を消すまで立ちつくしていた。〉

香取丸で出発したのは児童一九一人（男子一〇三人、女子八八人）、付き添い人一九人の計二一〇人。

続いて九月六日には熱田丸《あつた》（八五二三トン）で児童一九九人（男子一〇四人、女子九五人）、付き添い人二七人の計二二六人が神戸港をあとにした。乗船した児童、付き添い人たちは熱田丸の甲板に集まり、「君が代」とポーランド国歌を合唱、赤十字旗を振って感謝の意を表し、目には涙をためて別れを惜しんだ。そのときダウテル団長がひときわ声を高く張り上げて「ばんざい、阪本！」と叫び、周囲の者に注意されて「ばんざい、阪本さん！」と訂正したのはちょっとした愛嬌で、笑い声もあがった。

この阪本副社長のフルネームは阪本釤之助。第一章でこの人物について少し触れた。外交官の阪本瑞男、その異母弟で作家の高見順の父である。また作家・永井荷風の叔父に当たる。一八五七（安政四）年生まれの内務官僚で、大正九年十月から昭和七年二月まで日本赤十字社の副社長を務めていたのだ。日赤副社長のあとは枢密院顧問官となり、一九三六（昭和十一）年に没している。

祈る孤児たち

さて神戸を出港した児童たちは香港、シンガポール（当時はイギリスの植民地）、コロンボ（イギリスの直轄植民地だったスリランカ最大の都市で、当時の首都）、ポートサイド（エジプトのスエズ運河北端の港湾都市。この頃エジプトは事実上イギリスの保護国だった）、マルセイユ（フランス最大の貿易港）、リスボン（ポルトガルの首都）を経てロンドンに向かう。寄港のたびに児童たちは上陸し、その土地を見物している。たとえば先発した香取丸の一行は九月六日に香港に上陸、植物園その他を見学している。また同月十二日にはシンガポールに上陸、シンガポール日本人会のメンバーに招待されて植物園に行き、茶菓の接待を受けている。熱田丸の一行も同月十五日に香港に上陸、同じく植物園などを見学。同月二十二日にはやはりシンガポール日本人会の招待で植物園を見学、茶菓の饗応を受けた。熱田丸ではこのほか船中での運動会も開かれている。

香取丸で孤児たちと乗り合わせ、それを回想録に書き残した男がいる。キリスト教神学者であり、ルッター研究家として知られる佐藤繁彦（一八八七〜一九三五）だ。佐藤は第一高等学校時代に洗礼を受け、東京帝大に入学したが途中で京都帝大に転じた。卒業後はまた東京帝大大学院に学ぶ。ルッター専攻。その後牧師となり、日本基督教会牧師として朝鮮新義州《しにじゅ》、熊本などで伝道。大正十一年九月から十三年五月までドイツに留学した。このドイツ行きの際、神戸から香取丸に乗船したのだ。そのとき（八月二十五日）の記述を紹介する。

シンガポールでの孤児たち

〈……出帆合図の「どら」ががうがうと鳴り出すと、見物人は甲板を退却し始めた。やがて甲板からは、細長い色紙が投げ出されて、桟橋に居る見送人の手に届いた。送る人と送らるる人とは、色紙を通して、握手を交換して居る。人情とは言へ、心細い話だ。やがて忽《たちま》ち色紙は切れる。汽船はもう動き出した。生死を託して、此の汽船に乗って居るかと思ふと、無限の淋しさもあった。忽ちポーランド孤児の一隊が君が代を歌い出した。ああ可憐な彼らよ、十四五才から四五才位の者まで、遠く異郷にさすらひ、また再び故国に戻ろうとする彼らよ！　今朝三宮駅で見た可憐な子供達、木綿の日本服を着て、裸足のままで歩き出した彼ら、彼らは實に、ポーランドの孤児であった。彼らは日本の世話になっている間に君が代を覚えたのであろう。世話になった日本を去るとき、君が代を歌って感謝を表したのであらう。涙ぐましき心持に何時の間にかせられて、凡ては余の眼前に、悲哀の雲を以て現れて来た。風光明媚な瀬戸内海も、嘗《かつ》て見た瀬戸内海とはちがっていた。〉

貴重な証言なので、もう少し引用させてもらう。これは別の日。

〈食後三等の甲板を見ると、ポーランドの孤児達が、彼らの監督に導かれて跪座して祈禱して居た。彼らは祈禱文を歌っていた。汽船が少し揺れると、前の方にのめる者もある。併し誰一人笑ふ者もない。その敬虔な、また實に可憐な有様を見て、余は嘗て経験したことのない感動を受けた。「おお彼らのゆく末に幸あれ！」余は衷心からかく祈らざるを得なかった。〉（佐藤繁彦著『宗教巡礼』、大正十四年発行。ルッター研究会）

孤児たちは船中、朝も夕べも賛美歌を歌っていたようだ。佐藤の記述によれば、孤児のなかにはインド洋まで生命がもたないと思われる病弱な者もいたが、彼らは無事インド洋を乗り切り、六十三日間の船旅ののち十月十七日にロンドンに着いた。後発の熱田丸も十月二十七日にロンドンに到着している。

佐藤は帰国後、東京で日本ルーテル神学専門学校教授となり、大正十四年にルッター研究所を創設、月刊『ルッター研究』誌を発刊するなど、終生伝道活動を続けた。

日本恋しさに脱走

ところで孤児たちが到着したロンドンでは、思わぬ事件が起きている。孤児のひとりが行方不明になったのだ。

ポーランド救済会のヤクブケヴィチ副会長は香取丸到着の一週間前にロンドンに派遣されていた。日赤との打ち合わせで、ロンドン到着以後はポーランド側の責任で児童たちを監督することになっていたためだ。香取丸が着いたあと、英国船「バルチイク」号に児童たちを移乗させるにはそれほどの困難はなかったのだが、熱田丸が到着したときは八マイル（およそ一二キロ余）も離れた所に停泊していた「バルタニイク」号に乗り込ませなければならなかった。児童たちを五台の馬車でロンドン橋のたもとまで運んで乗船させたのだが、船内に乗り込んでからヤンクリンスキという一四歳の少年の姿がどこにも見えないことにヤクブケヴィチ副会長が気付いた。

ヤクブケヴィチや付き添い人たちがすぐ上陸して付近を探したが、影も形も見えない。あわててもう一度船内を捜索したが、やはりいない。

そのうち汽船の出港時間になった。ヤンクリンスキ少年ひとりのために出発を延ばすわけにもいかないので、ヤクブケヴィチ副会長だけが手荷物を持って上陸、同地の警察及び水上警察署に捜索願を出した。両署とも全力で探してくれたが、とうとうその日は見つからず仕舞いだった。翌朝、ヤクブケヴィチ副会長はビクトリア・ドックに赴いた。熱田丸が着いた場所である。着いてみると、すでにヤンクリンスキ少年が警察に保護されていた。

ヤンクリンスキ少年が語ったところによると、彼は児童たちが乗り合い馬車に乗り込んだ際、一同を日本から運んできた熱田丸が恋しくて逃げ出し、同船が停泊した場所へ夜通し走り続けてあちこちで熱田丸の所在を尋ねた。しかし英語が理解できないため呆然としているところを警官に発見されたという。ヤンクリンスキ少年は、「熱田丸に水夫として採用してもらい、もう一度日本に帰りたい」とヤクブケヴィチ副会長に訴えた。日本で温かいもてなしを受け、また熱田丸の船中で船員一同から親切にされたことが忘れられず、どうしても熱田丸に戻りたかったのだそうだ。飢えて酷寒のシベリアを放浪してきた彼には、日本、そして熱田丸は天国に思えたのだろう。

こんな出来事もあったが、児童たちは十一月初旬から中旬にわたり、ようやくポーランドに到着した。小雨の降るなか祖国の港グダンスクに着いたときのことを、当時一一歳のヘンリックという少年は次のように回想している。

〈肌寒い日だった。全員が甲板に出た。港にはためく赤と白のポーランド国旗をいつまでも見つめていた。幼い子達ははしゃぎ回っていたが、年長の子供達は、涙を流しながら無言で立ちすくんでいた。幼な心ながらも、これが夢にまで見た祖国なんだという感動で、体が震えた。埠頭の人も建物も、涙でにじんで見えなかった〉（前掲『Dzieci syberyjskie シベリア孤児』）

一九二〇年から一九二一年にかけての第一回孤児救済事業に続き、第二回の孤児救済事業もここに終了した。三九〇人の児童は、全員無事に祖国の土を踏むことができた。ポーランドからは救済事業に対する皇室や日赤への感謝状が多数寄せられたが、ここでは大統領から皇室への親書を一つだけ紹介する。訳文には句読点がないので句読点を付け、さらに読みにくい漢字を仮名に開いた（原文は片仮名）。

〈陛下

波蘭国が過去一世紀にわたる長期間その解体を強いられ圧政を忍ばざるべからざりし迫害、ならびにその国民の追放その他悲惨なる事態に原因する国民の移住等は、最近における世界戦争及び露国革命と相まって多数の波蘭国民を全世界に散乱せしむるの原因をなしたり。そして波蘭国がその独立と自由とを回収せる時に際し、幼少にしてしかもその大部は戦争の結果孤児たる史的悲劇の廃残に過ぎざる児童の一大集団は、貴国沿岸に漂着するところとなりたり。彼等がこの地に漂流したるは彼等に取りて実に不幸中の幸福たりしなり……実に可憐なる波蘭児童は、慈悲に富みかつ慇懃極まりなき歓待に浴したり。そしてこの恩遇は彼等の心肝に深く銘せしところなれば、将来貴我両国の親善なる関係をしてますます密接ならしむるに貢献するところ少なからざるべし。……今やこれらの児童は貴国政府ならびに日本赤十字社の多大の援助によりて祖国に帰還することを得たるをもって、予はここに陛下及び皇后陛下に対して予及び全波蘭国民の名において特に至深の謝意を表彰せんとす。……。

一九二二年十二月三日「ベルヴェデール」に於て

陛下の誠実なる良友

ジー・リッスキー〉

ジー・リッスキーというのはユゼフ・ピウスツキのこと。「ベルヴェデール」は彼が住んだ宮殿だ。十二月三日時点で彼は国家主席で、ガブリエル・ナルトヴィチがポーランド共和国初代大統領に就任するのは八日後の十二月十一日（五日後の十六日に二代目大統領スタニスワフ・ヴォイチェホフスキと交代）だが、この頃の資料の訳文はピウスツキを「大統領」としている。

ロシア児童を救え！

ところで第一回目の孤児救済事業が始まった一九二〇年七月九日、ロシアの児童およそ八〇〇人を乗せた船がウラジオストクを静かに出港している。日本赤十字社がポーランド孤児救済を常議会で可決したのが七月五日だから、その四日後である。船尾には日の丸がはためき、マストにはアメリカ国旗が掲げられ、そして煙突には赤い十字が描かれていた。これはいったいどういう船で、どこに行こうとしているのか。なぜ八〇〇人近い子供たちが乗っていたのか。日本ではほとんど知られていないもう一つの児童救済の物語、ロシア人、アメリカ人、日本人を巻き込んだ希有な出来事をここで紹介しておく。

革命と内乱はロシア人にも大混乱をもたらした。都市は戦闘の舞台となり、荒廃と飢えが襲いかかった。そこで一九一八年五月、教育人民委員部（省）ではペトログラード（現在のレニングラード）の五歳から一五歳までの児童たちを対象にウラルの穀倉地帯で「栄養コロニー」を開設することを決めた。夏期休暇限定の集団疎開のようなものだ。児童と教師、医師を乗せた列車がペトログラードを出発したのは五月十八日。親たちは心配そうに見送ったが、ほかに方法がなかった。パンの割り当てが日増しに減ってきたからだ。

ウラルのコロニーでは最初、子供たちは元気で運動し、遊んで新学期に備えていたが、やがて前線は日ごとにウラルに迫り、子供たちが分宿している街も戦場になってきた。戻る道は遮断され、コロニーの指導者たちはやむなく東方へ向かうことを決めた。以後、ペトログラードの親たちとは連絡が取れなくなる。ペトログラードではソビエト政府に援助を頼み、スウェーデン赤十字社の協力を得て捜索団を作った。

激戦中ではあったが、子供たちは各地で親切にされた。赤衛軍も白衛軍も修道院も食べ物を分けてくれた。捜索隊が子供たちに合流したのは九月に入ってからである。捜索隊はオムスクで白衛軍のコルチャーク将軍を通してアメリカ赤十字社に子供たちの世話をしてくれるよう話をつけた。先に見たように、アメリカ軍はシベリアに出兵中で、戦傷者たちのためにアメリカ赤十字社もシベリアにいたのだ。アメリカ赤十字社の尽力で各地のコロニーにいた児童たちはオムスクで合流、一九一九年夏までには七八〇人がウラジオストクに着いた。ペトログラードを出てからすでに一年以上経っている。

ウラジオストクでは、年長の子供は市内の日本兵が住んでいた兵舎の隣に、年少の子供はウラジオストクの市街が展開するムラヴィヨフ＝アムールスキー半島の沖合にあるロシア島（ルスキー島）に落ち着いた。ロシア島にはアメリカ赤十字社の病院もあった。同年秋には、アメリカ赤十字社本社からライリー・アレンとバール・ブラムホールの二人もウラジオストクに派遣されて来た。ブラムホールは後年「ロシアの子供七八〇人の教父」と呼ばれることになる。

子供たちはここでさらに一年間暮らすことになった。ポーランド救済委員会のアンナ・ビエルケヴィチ会長もロシア島にいるロシア児童たちのことを知っていた。アメリカ赤十字社シベリア派遣団長のチュースラー博士を訪ねた際、博士からロシア児童のことを聞かされ、必要なら同じロシア島でポーランド孤児の面倒を見てもいいといわれていたからだ。

しかし一九二〇年に入ると、情勢は極東でも緊迫の度合いを強めてきた。前線が太平洋岸にも迫ってきたのだ。そんななか、アメリカ軍は四月一日にシベリアから撤兵、アメリカ赤十字社も本国に引き揚げることになった。そこでライリー・アレンは海路でシベリアから脱出することを決め、日本船をチャーターした。これが勝田汽船の貨物船、陽明丸（一万六七五トン）だ。

日本船・陽明丸の活躍

勝田汽船の社長・勝田銀次郎は一八七三（明治六）年、愛媛の松山に生まれた。東京英和学校（青山学院）を中退して実業界に入り、勝田商会を設立して海運業を営む。本拠地は神戸だ。その勝田商会が勝田汽船になったのは一九一五（大正四）年。勝田は山下亀三郎（山下財閥の創業者。一八七三〜一九五二）、内田信也（実業家・政治家。一八八〇〜一九七一）とならび三大船成金のひとりに数えられ、最盛時の資産は二〇〇〇万円。現在の金額にして約一〇〇〇億円だ。長らく神戸市の市会議員を務め、後に神戸市長にもなる（一九五二年、七九歳で死去）。

ライリー・アレンの依頼に応じる業者は当初見つからなかった。荷物と違い、人間を乗せるとなると、居住空間の確保、食事の問題、衛生管理など、あまりにも費用がかかりすぎるからだ。この当時、勝田汽船はすでに最盛期を過ぎていたが、勝田銀次郎は誰も引き受け手がいないのを知って協力を買って出た。勝田の男気である。陽明丸は一カ月かけて改装され、病室、診察室、隔離室、調理室、パン焼き室、シャワー室、野菜貯蔵庫、空調設備などが設けられた。甲板の下には一〇〇〇人分のハンモックも用意された。

陽明丸の乗組員はすべて日本人だった。船長はカヤハラという名前だ。おそらく「萱原」もしくは「茅原」だと思われるが、ライリー・アレンの日記はローマ字表記だけ。ちなみに同日記では船名（陽明丸）も汽船会社名（勝田汽船）もローマ字表記だ。

ウラジオストクを出港した陽明丸はまず北海道の室蘭に寄港した。室蘭ではカヤハラ船長が「クリバヤシ商会」に話をつけて市内見学の許可を取っている。これは栗林商会のことで、現在も室蘭で営業を続けている。市内見物から児童たちが陽明丸に戻ると、見学した室蘭の男子初等学校と女子中等学校の生徒たちから甘くて香りのいい和菓子や室蘭の景色が印刷された絵葉書などのお土産がたくさん届いていた。

翌日、陽明丸は室蘭を後にし、サンフランシスコに針路を取った。船内ではアメリカ人を教師にして英語の授業が熱心に行われた。陽明丸がサンフランシスコに着いたのは八月一日。児童たちは数千人の市民に迎えられ、市長が歓迎の挨拶をした。陽明丸は八月六日までサンフランシスコに滞在したが、その間、果物や衣類、お菓子、おもちゃなどの贈り物は引きもきらなかった。

再び航海に出た陽明丸はパナマ運河、カリブ海、キューバなどを経て八月二十八日にニューヨークへ。ここでも児童たちは大歓迎を受け、ウィルソン大統領からのメッセージも届いた。ニューヨークを出港したのは九月十一日夕方。悲しい出来事もあった。十五日にはマーシャ・ゴルバチョワという女の子が病死し、水葬に付された。姉のアレクサンドラが後年こう語っている。

「妹は布の袋に入れられて、船尾に置かれました。カヤハラ船長がブロークンな英語で祈りを唱えました。暗い夜でしたが、ランプがこうこうと輝いていました」

陽明丸はフランスのブレスト港に停泊した後、十月十日、三カ月間の航海を終えフィンランドのコイビスト（現在のプリモルスク）に着いた。七八〇人の児童たちはここで陽明丸及びカヤハラ船長以下の日本人乗組員と別れることになった。みんな目に涙を浮かべていた。お互いに、これが永遠の別れであることを知っていた。

子供たち全員がペトログラードに戻ったのは一九二一年二月の初めだった。最初にペトログラードを出てから二年半、世界を一周した児童たちの旅はようやく終わった。

以上は、一九八九年三月十五日発行『今日のソ連邦』（在日ソ連大使館広報部）に載せられている「日本船ヨウメイ丸の乗客たち——世界を一周した革命ロシアの子どもたち（筆者はドミトリー・マルチェンコフ）」という記事をまとめたものだ（カヤハラ船長の航海日記はアメリカの国立公文書館にあるそうだが、筆者は未見）。

ポーランド孤児たちと同時期、同じウラジオストクで救出を待ち、やはり日本船で帰国の途につくことができたロシア児童たちの物語は、善意には国境がないということを改めて教えてくれる。

第六章　極東青年会と野口芳雄

最後の救済事業

神戸からポーランドに帰国した児童たちについては、救済会のユゼフ・ヤクブケヴィチ副会長が一九二二（大正十一）年十二月十九日付の日本赤十字社宛ての書簡で報告している。

それによると、ダンチッヒでは同地駐在のポーランド代表が出迎えて歓迎し、「これら児童がシベリアより救済され、千里の波濤を経て祖国に無事帰来したことを驚異の事実として喜び、これら児童が東半球を一周して遠路の旅行に堪え得たこと、これひとえに日本国民と日本赤十字社の義侠によるものであることを深く感謝する」旨を述べた。

そして香取丸で帰国した第一陣の児童はドイツ国境に近いボジャノヴォに、熱田丸で帰国した第二陣の児童はヴァルソヴィーに向け、特別列車を仕立てて出発した。沿道の住民は児童一行が日本より帰国したことを新聞報道で知っていたので、各方面の人々が駅ごとに出迎え、菓子や果物を与えて歓迎した。ボジャノヴォに着いた児童たちはそのまま同地の孤児院に、ヴァルソヴィーに着いた児童たちはいったん同地の社会保養局と孤児院に保護されたあとムラヴァ市近辺のチアルドゥオ孤児院に収容された。

これら児童のうち五四人が家族、あるいは親戚に引き取られることになった。児童の帰国を聞き、全国各地から家族や親族が駆けつけたという。またヤクブケヴィチ副会長には講演の依頼が殺到し、同副会長は各地で孤児救出の経緯と日本国民及び日本赤十字社の温かいもてなしを説明した。講演を聴いた各地の住人たちはいずれも感激し、スピタルナという町ではすぐさま波日協会が設立されたほどだった。

一方、ウラジオストクではビエルケヴィチ会長を中心にポーランド救済委員会の孤児救出事業がまだ続いていた。日本赤十字社によって都合七六五人の児童が助け出されたが、シベリアにはまだ多数の孤児たちが救出を待っていたからだ。

しかし一九二二（大正十一）年十月二十五日に日本軍がシベリアから撤兵、ボリシェビキがウラジオストクに入って来たため、ウラジオストクから敦賀に至るルートは閉鎖され、海路で孤児たちをポーランドに送ることは不可能になっていた。そこでアンナ・ビエルケヴィチ会長は一九二二年末、上海の中国赤十字社を訪ねた。日本赤十字社が助けてくれたのだから、中国の赤十字社ももしかしたら援助してくれるかもしれないと考えたのだ。中国赤十字社は「中国紅十字会」と称しており、一九一二年、赤十字国際委員会から二三番目の加盟国として認められていた。

しかし女史の嘆願は断られてしまう。資金不足で援助はできないというのだ。当時の中国は軍閥混戦のなかにあり、とてもポーランド児童の援助にまでは手が回らなかったのだろう。そこで女史は上海からの帰路、在北京のソビエト軍事代表部を訪ねる。前年七月にはコミンテルン（レーニンの指導のもとに設立された共産党の国際組織）の指導で中国共産党が上海で秘密裡に結成されており、一九二二年末のこの時期は中国国民党の孫文（中国の革命家・政治家。一八六六～一九二五）もソ連との友好・提携を深めていた。

女史が列車によるシベリア横断の許可を求めたところ、ソビエト軍事代表部では「チェコスロバキアからソビエトに帰還するロシア児童のポーランド領内通行を認めるなら」という条件でこれを受け入れた。

ビエルケヴィチ会長はハルビンのポーランド公使館を通してポーランド本国と連絡をつけてもらい、チェコから来るロシア児童はポーランド領土内を通過できることになった。それと引き換えにポーランド児童がチタから特別列車でイルクーツク、モスクワを経由してポーランドに行く許可を得た。

救済委員会によって集められた一一七人の児童たちがチタを出発したのは一九二三年一月二十一日。数日後にはモスクワに着き、必要書類の手配や休養のためいったん下車、二〇日後の二月十日にモスクワを出て翌十一日には無事にポーランドに着いた。

ヴェイヘローヴォ孤児院

この三回目の孤児救済事業でポーランド救済委員会の活動は終わり、アンナ・ビエルケヴィチ会長ら幹部もポーランドに引き揚げることとなった。同委員会の三年四カ月にわたる活動で、合計八八二人の児童たちが戦火と飢えと酷寒のシベリアから救出された。

列車による第三回目の孤児輸送が終わった翌月の三月三十日付で、アンナ・ビエルケヴィチ女史から日赤の平山成信社長宛てに手紙が届いている。

一大事業が終わったものの、彼女にはさまざまな処理すべき仕事が残っており、「本日初めて小閑を得て」、祖国に落ち着いた状況を報告、あわせて児童たちの生活の様子を書いている。

それによると、日本からアメリカに向かって出発した児童三七〇人のうち、一九二二年二月に故国に戻った者は三一二人。三七〇人のうち一五人はアメリカで家庭に入り、四三人は教育上の都合でしばらくアメリカに滞在することになったからだ。一九二二年十一月に神戸から直接船で帰国した児童三九一人を加えると、この時点では計七〇三人がポーランドの土を踏んだことになる（神戸からポーランドに向かった児童は三九〇人だったからひとり増えているが、そのいきさつについては触れられていない）。

これらの児童中、一部の者は家族や親戚と再会を果たして引き取られていったが、残りの五〇〇余人はボジャノヴォ、チアルドゥオ、ミエルジンなど二五の孤児院や児童保護所に収容された。しかし同じ運命に遭遇した児童たちなので全員を一カ所に収容したいと思い、目下ヤクブケヴィチ医師がヴェイヘローヴォにある施設を譲り受けるよう尽力している。ヴェイヘローヴォはバルチック海の付近、ダンチッヒより汽車で一時間ほどの所にあり、日本でいうと東京・横浜間くらいの距離だ。

さらにビエルケヴィチ女史はいう。

「私たちはこの施設に日本から帰来した児童を集中させ始めており、本年末までには四〇〇人ないし五〇〇人の児童を収容する予定である。同所にはすでに一三〇人が収容されている。その中には皇后陛下のお目にとまり特別の思し召しを賜ったゲノヴェハ・ボクダノヴィチ嬢も含まれている。児童たちは日本が世界中でもっとも麗しい国であることを語り合い、日曜日には必ず『君が代』を合唱している。『モシモシカメサンヨ』を歌うこともしばしば。またこのヴェイヘローヴォには小学校、中学校、師範学校、農業学校など多くの学校があり、児童たちは各自の能力に応じて就学している」

ヴェイヘローヴォの施設はもともとスイスからの移民によって造られたレンガ造りの堅牢な建物で、その後は精神病患者や盲人施設として使用されてきた。ポーランド独立前にはドイツ軍兵舎として使われたこともある。孤児たちのなかには母国語も満足に話せない者が多く、この施設を宿舎として国の協力を得ながら学校に通い、勉学に励むことになったのだ。

ポーランドからの手紙

アンナ・ビエルケヴィチ女史の手紙からおよそ四カ月後の一九二三年八月八日、今度はポーランド孤児から日本の子供宛てに数通の手紙が日赤に届いている。適宜句読点を付け、「波蘭」や「西伯利」などを仮名に開いた上で引用する。

〈親しい日本の児童諸君

私たちポーランドの者は皆さんがポーランドの児童たちに対して持って下さった愛の心をありがたく思い、御礼申し上げます。あのポーランドの子供はもし皆さんからの同情あるお救いを得なかったならば、シベリアで飢えのために死んでしまったでしょう。……皆さんのお国は私たちの国とは違い、こちらと違う草木があり、そしてお国の家は我々のとは違いますね。それというのもお国には冬がなく（注・日本は亜熱帯に近く、冬もポーランドほど寒くないという意味のようだ）気候が暖かいからです。しかしお国には地震がありますね。こちらには少しもありません。私どもは温帯に住んでおりますので、冬もあり、霜もあって、湖水や川は冬の間氷ります。真心こめてご挨拶申し上げます。ご返事は左記へ願います。

ワルシャワ第五十六番グラマスクール第六級
ジョン・バルサアザク〉

もうひとつ、短くして紹介する。

〈なつかしい日本の児童諸君
私はポーランドの畠や、牧場や、花のことをお話しして、ポーランドの子供がお国におりました時に、どうして悲しかったのかを説明したいと思います。
秋になり、ライ麦を蒔《ま》きますと、芽が出始めます。それから雪が降ってその上に積もるのです。春が来ますと雪が溶け、穀物が沢山に取れます。……花は牧場に咲きますし、また自分の家庭に花草を植える人もあります。牧場の花には金鳳花があり、庭園にはバラだの果物の樹や金連花その他いろんなものを植えます。牧場には雪が積もり、冬には氷が張って私たちは氷滑りをしたり橇《そり》に乗ります。夏には草や花がいっぱいになります。それから私たちは水に入ったり泳いだりします。……子供というものは誰も自分の国が恋しいということは皆さんもご存知でしょうね。それですからポーランドの子供がお国でホームシックにかかったのも不思議はないのです。……皆さんが私どもの国の子供を大事にして下さったことを厚くお礼申し上げます。

一九二三年三月三日
マリモントのグラマスクール第六級
ボワク・マトウツエウスキ〉

手紙は三月三日に書かれており、五カ月後に日本に届いたことになる。最初に紹介した手紙に「日本には地震がありますね」と書かれているが、実際、手紙が届いた翌月の九月一日に関東大震災が起きている。日本の児童からの返事にはこの関東大震災に触れているものが多い。ひとつだけ、これも短くして引用する。ボワク・マトウツエウスキ君への返事だ。

〈ボワク・マトウツエウスキ君へ
お手紙ありがたく拝見いたしました。お国の有様を聞かせてもらったのは僕らにとって非常にうれしいことでありました。先年敦賀港へあなたたちの中には来られた人もあるでしょう。……その時には港から約一里ほど離れた松原公園の中に建っている松原尋常高等小学校へ来られてお休みになったのです。その学校は僕らが毎日通って勉強している学校なのです。ここであなたたちは日本の国歌「君が代」を先生から教えてもらったでしょう。また食事もしたでしょう。この松原は裏日本でも名高い公園であって、松が幾千本ともわからぬほど沢山生えております。春は青々した松林の中に種々の草花が咲きみだれ、たいそう美しうございます。また夏は白砂青松にして海水浴のため多くの人が京都や福井などから沢山来るので、たいそう賑やかです。秋は萩の花などが咲き、たいそう美しいです。また松茸栗茸などのきのこ類がたくさん出るので、僕らはこれを採りに行って毎日楽しく暮らします。

……日本にはこの間の九月一日から三日にかけて大震災大火災がありました。わずか三日で日本の帝都東京の三分の二、四十一万一千戸を焼き、百四十五万七千余人は住居を失い、十余万人は圧死、焼死または溺死しました。ですから今は日本中の国民がお金を出し合って帝都を元通りにしようと思って一生懸命になっております。ポーランドのお子たちへお伝え下さい。これから後もたびたびお手紙の往復を願います。親愛する君よ、身体を大切になさって下さい。

一九二三年十一月九日

福井県松原尋常小学校六年生

伊藤卓朗〉

「君が代」と「うさぎとかめ」

孤児たちにとって、帰国してからの十数年間、つまり再び祖国が戦火に巻き込まれる一九三〇年代後半までは、勉学に励み穏やかに生きることのできた貴重な期間だったようだ。

前掲『Dzieci syberyjskie シベリア孤児』によると、ヴェイヘローヴォでは社会復帰を目指して孤児たちに再教育を施すため、一二歳から一四歳までの約二八〇人が一九二三年～二八年にかけて集団生活を送った。最盛期の一九二四年には三二〇人がいたという。ここでの集団生活は朝礼、国旗掲揚、国歌斉唱から一日が始まり、その後は各児童に応じた学習が行われた。学習の中心はポーランド語。六年余に及ぶシベリア生活で母国語を満足に話せない児童も多かったからだ。さらに体育活動にも力を入れ、水泳やヨットの訓練も行われていたという。集団教育の指導者はヤクブケヴィチ医師。ポーランド救済会の解散後も彼は熱心に孤児たちの教育に当たっていた。児童たちはここでの生活を終えると各自の能力に応じて上の学校に行き、あるいは手に職をつけて社会復帰を果たした。もちろん結婚して家庭を築く者もいた。

この頃ヴェイヘローヴォを訪れた織田寅之助という外交官が当時の施設や児童の様子を書き残している。彼は大正十一（一九二二）年に外務省留学生としてポーランドに留学、以来海外生活は二十余年に及び、うちポーランドには前後十四年間滞在した。そもそも留学先にポーランドを選んだ理由のひとつが孤児たちの存在。当時児童たちが東京に滞在中で、彼らが日本の浴衣を着て喜々として遊んでいるのを見聞きし、また新聞や雑誌で児童のこと、ポーランドのことを読んで、ポーランドに興味を持ったからだった。以下、彼の書いた本から引用する。

〈……その後フトした機会に救済会長であったウィエルケウイチ（注・ビエルケヴィチ）夫

「日本を偲ぶ会」で（ヴェイヘローヴォでの子供たち）

人と副会長であったドクトル・ヤコブケウィチ（注・ヤクブケヴィチ）氏を知己となり、種々児童の日本滞在中の生活や、帰国後の動静を知ったのである。

児童は数ヶ所に分かれて収容せられていて、救済会は解散して政府の保護下にはあるが、以前の救済会の人たちの中には矢張《やは》り直接児童の育成に当たっている者も多く、児童たちも日本のことや日本人を忘れず、常に思い出しているとのことで、一度どこかの収容所を訪ねてみたいと思っていた。

一九二五年の夏、同僚とダンチッヒへ旅行した時、途中で偶然ドクトル・ヤコブケウィチ氏と同車し、収容所がダンチッヒの近郊のウェイヘローヴォにあるからぜひ立ち寄ってくれとの事で、絶好の機会と喜んで、翌日同僚とさっそく収容所を訪れた。この収容所は実に立派な建

物で、森あり畑ありで予想外に恵まれた環境であった〉

ヤクブケヴィチ医師はのちポーランドにおける熱帯病研究の権威になるのだが、この当時はかつての救済会のスタッフたちも彼に協力してヴェイヘローヴォで児童たちの保護・教育に当たっていたことがわかる。もう少し織田の文章を紹介しよう。

〈収容児童は男女二百名ほどで小さいのは当時八、九才から大きいのは十五、六才位までで、もちろん私たちの来訪を心から喜び両国国旗を掲げて歓迎してくれた。

子供たちは遊戯をして見せてくれたり、日本滞在中に日本人から貰った品々を飾ったりして私たちを喜ばせた。最後に日本で習い覚えた「君が代」と「もしもし亀よ」を合唱してくれたが、この「もしもし亀よ」はその後児童が成長してからも会合のたびに立派な青年男女が合唱したものである。

物心のついている児童は私たちに日本の思い出話をしてくれたりして、遠い異国の地で、日本を楽しく追想している子供たちと愉快な一日を送ったのである。

児童の収容所はまだ外に二、三ヶ所あるが、ここが一番設備もよく、児童たちも幸福であると、ドクトルは語っていた。〉（『野の国ポーランド』守屋長・織田寅之助著、帝国書院）

ワルシャワで親日団体が発足

その後間もなく織田は日本に帰り、再びポーランドにやって来たときはすでに収容所は解散したとか他所へ移ったとかで、児童たちの消息ははっきりわからなかった。

ところが一九二八年、ひょっこりヤクブケヴィチ医師が織田を訪ねて来て、児童たちの消息を語ってくれた。ヤクブケヴィチ医師によると、児童たちが成長して独立可能な者も多くなり、また経費の問題もあって収容施設は解散、児童たちは各地に散ってしまった。しかし職業に就いた者も増え、こうして独立した青年たちが幼い者への援助と相互親睦を図るため、シベリア帰りの青少年の会を組織する計画を立てているところだという。

この、シベリア帰りの青少年の会というのが「極東青年会」である。織田のいう一九二八年にワルシャワ在住の元孤児（ポーランドでは「シベリア孤児」という）たち十数人が集まって設立準備委員会を立ち上げ、ポーランド全土に散った仲間に呼びかけて一九三〇年二月に正式結成した。会員同士の相互補助、祖国への貢献、そして日本との友好・交流などを目的とし、会長には発起人のイエジ・ストシャウコフスキが選ばれた。副会長はヤドヴィガ・スコンブスカとカロール・ヴィチックの二人。書記はアレクサンドル・ヤデイキン、スタニスラフ・ピエシヴイチなど九人。

会長のイエジ・ストシャウコフスキは一九一一年七月二十一日、キエフ（現在はウクライナの首都）近郊で生まれた。キエフはドニエプル川を境にして東岸がロシア領、西岸がポーランド領だったが、一七九五年の第三次ポーランド分割でロシアに併合された街である。イエジはロシア革命とそれに続く内戦で父親がロシア兵に殺され、母と五人の兄弟とも離ればなれになってシベリアをさまよっているところを救出された。日赤による第二回目の救済事業で日本に来て大阪に滞在、神戸から祖国に帰った組のひとりだ。救助されたとき一〇歳だったイエジはすでに一九歳になっていた。

イエジはヴェイヘローヴォでの集団生活のあとワルシャワに出、孤児院で働きながらマトゥーラ（大学入学資格）を取り、ワルシャワ大学で教育心理学の勉強を始めていた。自分と同じような境遇の孤児がポーランドにはたくさんいたので、生涯を孤児たちの教育に捧げようと決心していたのだ。

設立当初の極東青年会の会員数は三十数人だったが、やがてヴィルノ、ビアウイストック、ルブリン、ポズナニ、ヴェイヘローヴォ、グディニア、ビドゴシチ、ラドム、ウッジなど全国各地に次々と支部ができ、最盛期には六百四十余人が会員として登録された。

極東青年会を結成したイエジと幹部は駐ポーランド日本公使館を表敬訪問することにした。日本との交流、親睦が極東青年会設立の目的のひとつだから、当然のことだ。駐ポーランド日本公使館が設けられたのは一九二一年、初代特命全権公使は川上俊彦だ。

この表敬訪問の際イエジたちは思わぬ人物と再会する。イエジ自身の回想から紹介する。

〈わたしたちが公使館を訪れたとき、一人の若い日本人が出てきました。ところがこの若き公使館員はポーランド語がわからない。一方のわたしたちも日本語が話せない。一緒に行った幹事のカロル・ブイチク（ワルシャワ蜂起で戦死）とわたしは立ち往生してしまいました。そこでやむなくわたしたちは『君が代』を唄いました。すると相手の若い日本人もそれに応えて『ポーランド、いまだ滅びず』（ポーランド国歌）を唄い出しました。しばらくすると、年配の日本人が出てきました。玄関口で国歌を唄い合っていたりして、何事が起きたのか、と驚いて出てきたのでしょう。その日本人を見て、今度はわたしたちが驚きました。忘れもしない、あの渡辺氏だったのです〉（『ワルシャワ蜂起』梅本浩志・松本照男著、社会評論社）

恩人との再会

「あの渡辺氏」とは外交官・渡辺理恵のことである。渡辺は明治八（一八七五）年生まれ。岡山県出身の外交官で、外務省留学試験に合格するとウラジオストクに留学。以降、釜山、ウラジオストク、長春などの在外公館に勤務し、一九一九（大正八）年十月にウラジオストク領事に、翌十一月にはウラジオ派遣軍政務部部員兼勤を命じられている。このときに日赤によるポーランド孤児救済事業が始まり、渡辺も孤児救済のため奔走している。ポーランド救済会のアンナ・ビエルケヴィチ会長が援助要請のため日本を訪れた際、在ウラジオストク・ポーランド総領事、極東ポーランド赤十字代表の各紹介状とともに渡辺理恵領事の紹介状を持参したことは先に書いたとおりで、元孤児たちにとっては大恩人というべき人物だ。

その渡辺は一九三〇（昭和五）年一月六日付で臨時代理公使（一等書記官）としてポーランド公使館勤務を命じられ、赴任して来たばかりだった。おそらくイエジたちは在ポーランド公使館の松宮肇・特命全権公使（その後駐イタリア大使）がポーランドを離れ、代わりに新しく臨時代理公使が来たことを聞いて表敬訪問したのだと思われる。思いもかけない渡辺理恵との再会は、極東青年会にとってきわめてラッキーだった。以後、何くれとなくイエジたちは日本公使館（一九三七年十月一日に大使館昇格）に助けてもらうことになるからである。

極東青年会について渡辺は翌一九三一年一月二十八日、時の外務大臣（浜口雄幸内閣）の幣《しで》原《はら》喜重郎宛てに「先に日本赤十字社の尽力によりシベリアよりポーランドに帰還せるポーランド孤児は当地においてシベリア児童救済会の保護の下に収容せられいたるところ、既に十年を経過せる今日これら児童は皆相当の年齢に達し、最近『極東青年会』を組織せり」云々という電文を送り、極東青年会が日本・ポーランド関係に好影響を及ぼしていることを強調している（「外務省記録」）。

また、これは少しあとのことになるが、岡田啓介内閣の有田八郎外相がポーランド公使館の伊藤述史・特命全権公使に対し、「日本赤十字社と外務省から計五千円を醵金《きょきん》するので、日赤の名前で極東青年会に渡すよう」指示している（昭和十一年四月七日＝「外務省記録」）。日本赤十字社と外務省はここでも極東青年会を支援していたわけだ。

こうした援助もあって、極東青年会はきわめて熱心に日本との交流に努め、一九三三年に日本が国際連盟を脱退する際、首席全権の松岡洋右がジュネーブに赴く途中ポーランドに立ち寄ったときなどはワルシャワ駅に多くの会員が集結、「ニッポン、万歳！」と叫んで熱烈に歓迎したものだ。また一九三六年の秋に欧米諸国視察中の日本赤十字社大阪支部病院の二本杉医長がワルシャワに寄った折りも極東青年会に約五〇人の青年男女が集まり、五時間にわたって同医長を歓迎した。歓迎会の終わりには全員が東に向かって「君が代」を歌って最敬礼したそうだ。

二本杉医長を歓待した極東青年会のひとりが、会を代表して日赤大阪支部病院長の前田松苗《まつなえ》宛てに一通の封書を送っている。封書には手紙と、二本杉医長を迎えたときのメンバーが寄せ書きした絵葉書、それにピウスツキ将軍の写真が入っていた。手紙にはこう書いてあった。

〈……私や私の友人たちはいつもお国を忘れることができず、衷心から感謝いたし、今一度この懐かしい土地を訪れる機会をと待ち望んでいるのです。そして今このお便りを差し上げますことを心から嬉しく存じます。当時わずかに十二歳の少年でありました私も、今は文学士となりました。この手紙が私どものお国への感謝を伝え、両国民の理解と友誼を深めますならば無上の光栄でございます……

一九三六年九月十五日

ワルソー

ヴィクター・エゼウスキー〉

同じ日赤の資料でも名前の表記がまちまちなのでわかりにくいが、いまや文学士となったというこの青年こそ、尼港事件の目撃者として先に紹介したヴィクトル・アンジェイエフスキである。

もうひとつ、一九三八（昭和十三）年に日本赤十字社名誉総裁の三島通陽《みちはる》（子爵。一八九七〜一九六五）がポーランドを訪問したときのことにも触れておく。三島は万国議員商事会議に出席するためワルシャワを訪れたのだが、極東青年会のメンバーは大挙して酒匂《さこう》秀一駐ポーランド大使公邸に集まり、感激のため何度も三島を胴上げした。三島は大正・昭和期の少年団指導者で、ボーイスカウト日本連盟の創設者である。父は日銀総裁の三島弥太郎、祖父は福島事件などでの弾圧ぶりから「鬼県令」と恐れられた明治時代の内務官僚、三島通庸《みちつね》（一八三五〜八八）だ。

その三島通陽は極東青年会について、こう書いている。

〈……日本に来た男の子は、なかなかいいものがあり、今では教師になっているもの三十名、それから貯金局に入っているもの三十五名ができた。ことに貯金局では断然日本に行って来た孤児が局をリードしているという有様である。その他教員が四十名、司法省の役員が三十六名、将校が十数名等、立派な人が出ている。これらの人々が集まって「極東青年会」というのを組織しているのである。会長は、当年わずか二十七歳のシャルコッツスキーという青年で、なかなかしっかりした大の日本好き。この人の青年の指導ぶりを目の当たりみて、そのいかにもキビキビして、ほがらかでしかもがっちり青年をおさえてゆくそのリードぶりには、私はすくなからず感心させられた。この青年は司法省につとめている人である。そしてこの青年たちはアドヴァイザーとして日本大使館の野口君を本当の兄貴のように慕っている〉（『戦時下の世界青少年運動』三島通陽著、日本評論社）

ハルビン学院

シャルコッツスキーというのはイエジ・ストシャウコフスキのことである。彼はワルシャワ大学を卒業後、司法省の少年審判所の視察官として孤児教育に情熱を傾けていた。極東青年会の活動はこの頃が最盛期で、メンバーはすでに二十代から三十代に入っていた。同会が主催する

「菊の夕べ」や「桜の夕べ」などといったパーティーには日本大使館員や在留邦人、ポーランド省庁の役人などが大勢集い、まさに日本・ポーランド交流の場としての役割を果たしていたのである。また極東青年会では機関誌を発行したり、日本語の講座を開いてポーランドの青少年に教えたりもしていた。外務省記録には、酒匂秀一特命全権大使が宇垣一成《うがきかずしげ》外務大臣に「極東青年会の機関誌『西伯利青年』を関係各方面にご配送相成りたく」と要請しているものもある。

ところで、いま引用した三島通陽の文章のなかに「日本大使館の野口君」というくだりがあった。元孤児たちが本当の兄貴のように慕っているこの野口というのは、第一章で紹介した敦賀出身の外交官・野口芳雄のことである。

野口は一九〇四（明治三十七）年二月二十四日、福井県敦賀町の津内《つない》に生まれた。長じて敦賀商業学校（現在の敦賀高校）露語部に入学、四年間ロシア語をみっちりと教育される。同校には当時「満蒙室」と呼ばれる資料室があり、シベリア、満蒙《まんもう》、朝鮮半島、中国などに関する資料が整備されていて学生は誰でも自由に利用できた。優秀な教師も多く、白系ロシア人の教師からは語学以外にロシアの歴史や文化、風習なども教えられた。当時の中等学校でロシア語を教えていたのは函館、長崎、それに敦賀の三商業学校だけである。

日赤による第一回目の救済事業でポーランド孤児がウラジオストクから敦賀へやって来たのは前述のように一九二〇（大正九）年だが、敦賀港に到着した孤児たちを最初に出迎えたひとりが当時一六歳、敦賀商業の学生だった野口だ。野口が外交官になろうと決心したのはおそらくこのときだろう。

野口は一九二二（大正十一）年三月に同校を卒業して難関の外務省留学生試験に合格、中国・黒龍江省の省都ハルビンに留学する。一九二二年六月のことだ。留学先は同地の日露協会学校。一九二〇年に後藤新平（政治家。満鉄総裁、東京市長などを歴任。一八五七〜一九二九）によって設立された学校で、のちのハルビン学院（一九三三年に改称）である。

杉原千畝は外務省留学生として野口の先輩に当たり、一九二二年九月から翌年三月まで野口とともに日露協会学校で学んでいる。ただし前述したように杉原は特修科卒業で、野口は三年間修学の一般学生（『哈爾濱学院史』巻末の卒業名簿では野口は第三期生）だ。この杉原と野口は一九二五年、同じ外務省書記生として在ハルビン総領事館で半年ほど一緒に勤務している。

ロシア語に堪能な野口はその後チチハル、オデッサなどの領事館勤務を経て外務省欧米局第一課長・東郷茂徳《しげのり》（外交官・政治家。一八八二〜一九五〇）の下で働いた。東郷の欧亜局長時代にはソ連（ソビエト社会主義共和国連邦。一九二二年十二月三十日成立）大使館勤務（一九三三年九月〜一九三六年九月）を命ぜられ、カムチャツカの漁場で日本人漁師がソ連官憲に殺された事件をみごとに処理、その手腕を東郷に認められて一九三六（昭和十一）年ポーランド公使館勤務となった。そして敦賀以来十六年ぶりに孤児たちに再会したわけだ。

野口がいかに極東青年会のメンバーたちに慕われていたかについては、野口がポーランドを離れる際に極東青年会が酒匂秀一在ポーランド特命全権大使に宛てた要望書でもわかる。外交史料館に残っている要望書の訳文は候文になっているので、読みやすく要約して紹介する。

na tempie i wydajności naszej pracy na polu zbliżenia polsko-japońskiego.- Żywimy również dla Niego wiele sentymentu i sympatji osobistych, datujących się jeszcze z okresu naszego pobytu w Japonii.-

Rok 1920-22.- Pan Noguchi był wtedy studentem; - przy wjeździe pierwszej i drugiej partii na Ziemię Japońską, należał do tych pierwszych osób, które spotykały w Curuga dzieci polskie powracające z Syberii do Ojczyzny.-

Z wyżej przytoczonych względów list ten skierowany na ręce Jego Ekscelencji Pana Ambasadora w formie gorącej prośby jest wyrazem życzeń całej młodzieży zrzeszonej w naszej Organizacji.-

Sekretarz Generalny

Prezes

/Jerzy Strzałkowski/

Członkowie Zarządu:

91100-16

371

野口をポーランドに戻してほしいと訴える極東青年会の要望書
（外交史料館所蔵）

〈このほど野口芳雄氏が休暇帰国するとお聞きしました。極東青年会は野口氏が祖国で休暇を取った後、再びポーランドに戻ってこられることを切に希望します。野口氏には過去二年間、極東青年会に対し絶大なご協力を賜りました。本会の発展の大部分は献身的に日本・ポーランド両国の接近に力を注いだ野口氏のご尽力によるもので、野口氏がいなければ今後の日本・ポーランド両国交流にも多大な影響が出ます。一九二〇〜二二年、われわれ孤児がシベリアから祖国に帰る際、初めての日本の地である敦賀で一学生であった野口氏に出会いました。野口氏は日本で最初に知遇を得た人の一人なのです。ぜひわれわれの懇願をお聞き届けいただき、野

口氏をお戻しください〉

日付は一九三八（昭和十三）年五月十二日となっており、イエジ・ストシャウコフスキ以下の極東青年会幹部が署名している。

東郷茂徳に呼ばれモスクワへ

ここで当時の在ポーランド大使館のスタッフを紹介しておくと、まず特命全権大使が酒匂秀一。一等書記官が木村惇《あつし》。二等書記官が井上益太郎。外務官補が引島昌。外務書記生が野口芳雄と織田寅之助の計六人だ。これ以外に駐在武官がいる。駐在武官は一九三八年三月一日までは沢田茂少将、三月一日以降は上田昌雄中将だ。大使館員のうち、織田については先ほど著書を引用した。井上益太郎、上田昌雄の名前はまたあとで出てくる。

野口は一九三八（昭和十三）年九月二十日にワルシャワを出発、十月二十九日に東京に着いた。そして約三カ月の休暇ののち翌一九三九年二月、調査部第三課に配属される。ワルシャワの元孤児たちは、さぞがっかりしたことだろう。野口は同年五月二日付の読売新聞で、ナチス・ドイツにダンチッヒ返還を迫られているポーランド、それに極東青年会のことを気遣って、こう述べている。以下は要旨。

〈ポーランドは右手にドイツを、左手にソ連を支え、そのバランスの上に自己を保存してきた。しかし今はヒトラーの力に抗しかねて左手を抜いて西にあて、左右二本の手で突っ張ってなお足りず、さらに第三国の手を借りようとしている。

この点についてはしばらく措き、私はこの国の親日的な点を強調したい。ポーランドがロシアの圧政下にあったころ、ポーランド建国の志士がツアーの手によってシベリアに流刑されたが、その天涯の孤児八百人を日本政府がポーランドに送り返したことがある。この子供たちはもう青年に達し、五百余人の会員を持つ極東青年会というものを組織している。会長ストシャウコフスキ氏は同国青年運動の大立物で、『極東の叫び』という月刊雑誌（注・アンナ・ビエルケヴィチ女史がかつて日本で出版していた雑誌と同じ名前にした）を出し日本語の講座を開いて日本文化の紹介に奮闘している。明年の皇紀二六〇〇年年祭には会長以下四、五人の会員が日本へのお礼と奉祝のため来日することを決め、目下全会員がその旅費を醵金《きょきん》している。わが盟邦ドイツとこの親日の国の間に、なにか危機を回避する道があることを祈りたい〉

その野口は同年八月、再びソ連大使館勤務（二等通訳官）となる。この年ノモンハン事件（満州国とモンゴルの国境付近で起きた日ソ両軍の衝突事件）が発生、当時ソ連大使だった東郷茂徳が野口の語学力、ソ連関連の実務経験を買って呼び寄せたのだ。日ソ交渉の通訳は全面的に野口に任された。ソ連側の通訳が未熟だったため野口が日ソ両国の通訳をしたのだ。自国の発言は自国の通訳が訳すのが外交交渉の原則だから、これはきわめて異例のことだ。

〈大使館の野口の部屋の壁には、ソ連当局とのホット・ラインが設けられていた。モロトフ側近のスタッフがクレムリン側のハンドルをぐるぐる回すと、黒電話のベルが「ジリリリリ」と鳴る。野口が電話を取り上げ、交渉のスケジュールが決まる。スターリンは若い時から、昼間は寝て夜働く習慣があり、クレムリンとの交渉は夜間に行われる場合が多かった。午後八時は早い方で、夜の十時からということも珍しくなかった〉（『祖父東郷茂徳の生涯』東郷茂彦著、文藝春秋刊）

モロトフは人民委員会議長（首相）兼外務人民委員（外相）で、本名はヴィヤチェスラフ・ミハイロヴィッチ・スクリヤービン。モロトフは通称で、「金槌」の意味だ。四角い金槌頭、それに鉄のような固い意志を持った男というイメージから、この通称が定着した。

当時、東郷大使の仕事はノモンハン事件処理のほか日ソ漁業交渉、日ソ通商交渉、それに日ソ中立条約の締結交渉があった。ことに重要だったのが日ソ中立条約の締結交渉で、これも野口が日ソ双方の通訳をひとりで行った。

一九四〇年の夏、この日ソ中立交渉は東郷・モロトフ間でほとんど締結寸前までいっていた。東郷が示した条約案は五カ条からなる簡単なもので、これを野口がゆっくりロシア語に訳し、それをモロトフの陪臣ロゾフスキー次官が克明にメモした。これほどにも重要な条約案が口頭で伝えられるのは異例中の異例で、野口は後年、「東郷さんがあえてこんな形式を取ったのは、軍部、ことに関東軍の横やりを警戒したからではないか」と回想している。

不誠実だった松岡洋右

この提案を受けたモロトフは、「東郷提案は名は中立条約だが、精神からいえば不可侵条約である。ソビエト政府はその意味でこれを歓迎する」と回答してきた。両国の間に横たわる障害さえ除くことができれば、中立条約を締結しようというのだ。この「障害」とは北樺太における日本の石油利権のことで、乗り越えられないほどのものではなかった。

これをご破算にしたのが松岡洋右である。

一九四〇年七月二十二日に第二次近衛文麿内閣が誕生、松岡は外相に就任したが、日独伊三国の同盟関係を重視、親英米派を遠ざけたいという思惑もあって、同年八月、四〇人を超える大使や公使、参事官、総領事に帰朝命令を出したのだ。外務省始まって以来という大異動である。八月二十九日に東郷にも帰朝命令が出され、それと同時に締結寸前までいっていた日ソ中立条約交渉も打ち切りになった。松岡が日独伊防共協定を発展させた日独伊三国同盟を締結したのは九月二十七日である。

東郷の後任としてモスクワに乗り込んで来たのは建川美次《よしつぐ》陸軍中将。日露戦争に出征したときは将校斥候としてロシア軍の背後を横断し、山中峯太郎（児童文学者）の『敵中横断三百里』のモデルとなった軍人だ。建川大使は中立条約を飛び越え、いきなり不可侵条約を提案した。得々と説明する建川大使に、モロトフは「これまでの話は中立条約であった。不可侵条約ともなれば、もっと代償があってよかろう」と、地図の千島を指したという。ソ連は飛びついてくるに違いないと踏んでいた建川の思惑はみごとに外れた。先に書いたように、結局は翌一九四一（昭和十六）年四月、松岡外相が自ら訪ソし、やっと中立条約締結にこぎつけた。野口は一九六七（昭和四十二）年十一月三日付『北海道新聞』紙上でこう回想している。

〈もし、一九四〇年夏、東郷・モロトフ間に、この条約が署名されていたとしたら、第二次世界大戦も阻止できたかもしれず、したがって、世界の歴史も、違ったものになっていたかもしれない〉

同紙上で、野口はこうも書いている。日ソ中立条約締結の七〇日後にヒトラーがソ連に侵攻（一九四一年六月二十二日）した直後のことだ。

〈松岡外相は、独ソ開戦にたいする日本政府の態度をただしにきたスメタニン・ソ連大使に「日本の外交の基調は日独伊三国同盟にある。三国同盟は他の条約、協定に優先する。これに抵触する条約、協定は、日本は順守する義務はない」と繰り返し言明し、日本は中立条約を守らないであろうとの印象を強く与えた。顔面そう白、あぶら汗を流しながら「貴大臣自ら署名され、そのインクの跡もかわいていない中立条約を、無効であるといわれるのか」と、必死に詰め寄ったスメタニン大使の悲壮な姿が、今もはっきり思い出される〉

そのうえ大本営は同年七月、関東軍特種演習を発動、満州に大軍を集結させた。

〈十六年七月七日　満ソ国境に配すわが陸軍八十萬

対ソ作戦準備のため動員兵力は約八十萬、動員第一日は来る十三日とし、陸軍大臣は本日上奏御裁可を仰いだ。これは所謂関特演（関東軍特別演習の略）と称して行われた未曾有の大動員であった。〉（『大本営機密日誌』種村佐孝著、ダイヤモンド社）

ソ連側が「中立条約の精神に反する」と解したのは想像に難くない。一九四五年八月八日、日ソ中立条約を無視してソ連は突如対日宣戦を布告して日本人を愕然とさせたが、その背景にはこうした日本政府・軍部の不誠実さもあったのだろう。

公表された「野口メモ」

野口はその後ブルガリア公使館やクロアチア公使館、外務省欧米局などを経て一九五六（昭和三十一）年に日ソ国交正常化交渉全権委員随員として訪ソ、鳩山一郎首相、河野一郎農相の通訳に当たった。翌年に外務省を退職した野口は、外交官として培った人脈を生かして総合商社「日本海貿易」を興し、日ソ貿易に情熱を注いだ。とくにソ連副首相のアナスタス・イヴァノヴィッチ・ミコヤン（一九〇五～一九七〇）とは太いパイプがあった。ソ連に亡命した女優・岡田嘉子《よしこ》（一九〇二～一九九二）とも親交があり、野口はソ連に行くたびに岡田嘉子への土産を持参している。また世界的バレリーナ、マイヤ・プリセツカヤとも親しかったという。

野口の部下だった山内巖《いわお》氏（現「ロシア映画社」代表）によると、一九八一年のモスクワ映画祭（もしくは翌年のタシケント映画祭）のあと、野口はちよ（千代）夫人とともにポーランド孤児たちの招待を受けてワルシャワを訪問しているという。ポーランド大使館時代以来実に四十数年ぶりの再会で、終生ポーランド孤児たちとの縁が深かった。

野口は一九九八（平成十）年二月十四日、九十四年の生涯を終えるが、外交官としての彼の業績が改めて注目されたのは死後七年目の二〇〇五年、日ソ国交正常化交渉時の内部文書「野口メモ」が公表されてからだ。野口は鳩山一郎首相、河野一郎農相とソ連のフルシチョフ第一書記、ブルガーニン首相らとの間の緊迫した交渉の様子を詳細に記録していたが、「外交機密にかかわる文書だが、このまま埋もれるにはあまりにも惜しい」としてメモを保管していた河野一郎の元秘書・石川達男氏が平成十七年三月十五日発行の『政治記者OB会報』で公開した（「政治記者OB会」は二〇一〇年に解散）。

交渉の中心は領土問題をめぐって四回にわたって重ねられた河野・フルシチョフ会談で、病身の鳩山首相に代わって交渉を主導した河野はフルシチョフと激しい攻防を繰り広げる。「野口メモ」のほんの一部分――。

野口芳雄（47歳）とちよ夫人（1951年、外務事務官　調査局第３課勤務時。長女玲子の結婚式にて）

〈河野　歯舞、色丹だけはこの際返すようにお願いしたい。……鳩山は二度と再びソ連へ来ることはできません。（このところでフルシチョフ深刻な顔でうなずく）今の機会をおいて両民族の国交回復はできないであろうと思う。

フルシチョフ　今、歯舞、色丹を共同宣言の中に記入し、公表しようと言われるならば、条件を付ける。その条件は返還の事実上の時期は、日ソ間に平和条約ができ、そして、アメリカが日本の領土であると認めながら現に占有している沖縄その他を日本に返還する時であるということで、我々はアメリカと対等の立場にあることを主張する。

河野　アメリカは沖縄を返すと思いますか。

フルシチョフ　アメリカも遅かれ早かれ返すときはあると思う。

河野　アメリカが沖縄を返すときは国後、択捉も返して頂きたい。ソ連はあんなに広大な領土をもっておられるのだから。

フルシチョフ　日本人たちは何て頑固なんだろう。〈両者笑う〉

交渉の様子が実にリアルに伝わってくる。

この日ソ国交正常化交渉は、日本とポーランドの国交再開に直接関係してくる。第二次世界大戦で、日独伊三国枢軸側の日本と連合国側のポーランドは国交を断絶したが、大戦終結後も国交は回復しなかった。ポーランドの事実上の盟主であるソ連が日本との講和条約締結を拒否していたからである。

しかし鳩山訪ソ団との交渉で一九五六年十月十九日に日ソ国交回復の共同宣言に関する議定書が調印され、同年十二月十二日に発効、同月十八日に日本の国際連合加盟が承認されると、日本とポーランドの国交回復への動きは一気に加速する。復交交渉はニューヨークで加瀬俊一国連大使とミハイロフスキー・ポーランド国連代表の間でとんとん拍子に進められ、一九五七（昭和三十二）年二月八日に復交協定に調印（調印は日本側が加瀬、ポーランド側が駐米ユゼフ・ヴィニェヴィチ大使）、一六年ぶりに国交が回復した。

縁の下の力持ち的な仕事ではあったが、野口の通訳はひとつの歴史を刻んだのである。そういえば加瀬俊一は昭和十六年三月、松岡洋右外相がヒトラー、スターリンに会うため訪欧した際、外相秘書官として阪本瑞男や西園寺公一、野口芳雄らとともに随員のメンバーに名を連ねている。これまた不思議な因縁である。

ご機嫌なフルシチョフ

ちなみに、野口芳雄はこれ以外にも自宅に未公表の日ソ交渉メモを残していた。たとえばクレムリン宮殿での最初の午餐の光景を、野口はこんな具合に記している。

〈……フルシチョフの正面に鳩山が、右隣に河野が座り、主客の右隣、ミコヤン第一副首相との間に私が座らされた。

フルシチョフは頗るご気嫌《ママ》で一人でしゃべりまくった。日露戦争からノモンハン事件まで引合いに出して過去の両国関係を説いた。私は総理の健康が気になるので、

——先生、腹を立ててはいけませんよ。あの人はいつもあの調子なのですから、

——と、ささやいた。

ミコヤンはフルシチョフが年号を間違えたり、ノモンハン（ロシア語でハルヒン・ゴル）をヘルヒン・ゴルと言い違えたりすると、すかさず訂正し、フルシチョフは直ぐに言い直した。事外交に関してはミコヤンが指導役をかっている感があった。席上ブルガニン、フルシチョフ、ミコヤンの三人は場所柄も構わず、ニコライ、ニキータ、アナスタースと名前で呼び合っていたのが、異様に感じられた。

間をみて私はミコヤンに、

——覚えておられますか。私はかつて東郷大使のお伴で伺ったノグチです。あの頃とちっともお変りありませんね。

——東郷はどうした。

——拘禁中なくなられました。

——誰が拘禁したのか？　アメリカ人か？

とせき込んで聞くので肯くと、

——惜しい人をなくした。

と暗い顔をした。私はあの頃と少しも変らぬ容貌を見詰めていると、

——六十一歳になったよ、と教えてくれた。

少し間をおいて立ち上がったミコヤンが突然口を切り、

――大勢の日本代表団の中で只一人知り合いがいる。それは隣に据わっているノグチ君だ。彼は十七年前両国間に難しい問題が山積していたとき、その解決に大変力を尽くした。今度鳩山総理が彼を伴って来たことは、交渉のさい先良いことを示すものだ。ノグチ君のために乾杯する――と盃をあげた。

……フルシチョフは隣の河野に盛んにウォトカを勧め、酒は一滴も飲めない河野は真っ赤になっていた。反対にフルシチョフは酒好きだが、たばこ嫌いで有名である。河野はこの日午後予定されていた会談をキャンセルせねばならなかった。〉

東郷茂徳は敗戦後A級戦犯として極東軍事裁判で二十年の禁固刑を宣告され、拘禁中病死した。極東軍事裁判で野口は東郷の弁護側証人のひとりとして証言台に立ち、東郷が和平のため努力したことを証言した。

戦争といえば、野口芳雄には驚くべきエピソードがある。外交機密として戦後三十二年間公にされなかったものだ。

命がけの大仕事

昭和二十（一九四五）年八月十五日の敗戦からわずか二十三日後の九月七日、羽田から日の丸をつけた二機のオンボロ飛行機が朝鮮半島北部、北朝鮮の平壌に向けて飛び立った。機種は大日本航空会社所有の三菱MC-20。この当時、まともな飛行機はほとんどゼロだったから、オンボロだったのも当然だ。

一番機に乗り込んだのは駐ソ連大使館参事官の亀山一二《かずじ》（帰国、待命中）と大東亜省の稲田俊太郎理事官。次いで出発した二番機に乗っていたのは八木正男外務事務官と駐ブルガリア公使館三等書記官の野口芳雄（帰国、待命中）だった。四人はスーツ姿で山高帽をかぶり、背中にはリュックサックを背負うという異様な格好だ。

彼らの任務は三八度線以北のソ連占領北朝鮮から脱出できなくなった日本人六〇万人を救出することだった。なんとか平壌にたどり着いてソ連と交渉するため、ソ連通の外交官四人に白羽の矢が立ったのだ。

敗戦直前の八月八日になって対日宣戦布告を宣言、東北国境から北朝鮮に進攻したソ連によって、邦人たちは住居、家財、現金など一切を奪われ、餓死、病死する者が続出、またソ連兵による婦女凌辱事件も頻発した。そこへ満州からも避難民が流れ込んで混乱はその極に達し、外務省は連合国軍最高司令官への要請、ジュネーブの赤十字国際委員会への働きかけなど、あらゆる方策を講じて邦人を救助しようとしたがすべて拒否され、最後の手段として直接ソ連と交渉させるため四人を送り込んだのだ。

飛行機は日本列島を低空飛行でヨタヨタと飛んだ。「生き残ったついでだ。平壌で死ねば外交官冥利に尽きる」と四人は腹をくくっていた。

一番機はやっと蔚山《ウルサン》（韓国慶尚道《キョンサンドウ》の都市）までたどり着き、汽車とトラックを乗り継いで京城《ソウル》入りした。野口らが乗った二番機は伊豆上空でエンジンが故障、羽田に戻ろうとするが、大森上空でドアが外れてすっ飛び、必死の操縦でようやく羽田に着いた。野口らはやむなく水路で朝鮮に渡る。一番機より十日遅れだった。しかし八木と野口は連合国軍総司令部の怒りを買って京城で抑留され、帰国後も一時大森収容所に入れられる。大森の平和島はいまでは競艇のメッカだが、戦前はアメリカ人などを対象にした捕虜収容所があり、それを知っていたので米軍もここには焼夷弾を落とさなかった。戦後は反対に東条英機ら日本人の戦犯が巣鴨刑務所に移送されるまでの間、ここに収容された。戦争の記憶が生々しく残った島で、もう二度と戦争はごめんだという思いを込めて「平和島」と命名されている。

京城に入った一番機の亀山、稲田両人はただちに平壌行きの工作に入りソ連総領事館に日参、またアメリカ第二四軍司令部とも掛け合ったが、予想通り難航する。およそ一カ月後の十月六日、連合国軍総司令部は「平壌のソ連軍司令官に交渉したが、この種の出張の要を認めず、と回答があった」と通告してきた。もはや万事休すである。米第二四軍司令部は亀山たちに帰国命令を出し、二人は米軍機で厚木に戻された——。

以上は一九七七（昭和五十二）年六月六日の『読売新聞』がスクープした記事を要約したも

のだ。
命がけの任務はこうして失敗した。しかし、自分の出世と省益だけしか頭にないいまの高級外務官僚たちには望むべくもない、熱い外交官魂が感じられる逸話である。

さて話をイエジ・ストシャウコフスキに戻す。前述のように彼は少年審判所の視察官として孤児教育に当たり、また極東青年会の運営にも力を注いでいたが、一九三九年になって彼の人生は急転する。同年九月一日早暁、ナチス・ドイツが電撃作戦でポーランドに侵攻して第二次世界大戦が勃発、ポーランドはまたしても世界地図上から抹殺されてしまう。ここから、ポーランドのレジスタンス史上に残るイエジの壮烈な戦いが始まる。

第七章　ポーランド消滅

襲いかかるヒトラー

ナチス・ドイツのポーランド侵攻は、宣戦布告なしにいきなり始まった。一九三九年九月一日午前四時四十五分、ポーランドのダンチッヒ（グダニスク）港に「親善訪問」を名目に停泊していたドイツ巡洋艦のシュレースウィヒ・ホルシュタイン号が、港のヴェステルブラッテ要塞に向けて艦砲射撃を開始した。要塞には一七〇余名のポーランド沿岸警備隊が警備に当たっていたが、そこへ艦砲射撃とともに三二〇〇人のドイツ国防軍が攻撃を加えたのだ。

ほぼ同時刻、ドイツ軍はポーランド西部国境一帯から怒濤のような進軍を開始した。ドイツ軍の最高司令官はワルター・フォン・ブラウシッツ大将で、これを参謀長のフランツ・ハルダー大将が補佐した。そして南から攻撃する部隊をジェルド・フォン・ルントシュテット大将が指揮し、一方、北からポーランドに突進する部隊はフェドル・フォン・ボック大将が指揮した。

電撃攻撃の先兵はドイツ空軍だった。ウィーン及びケーニヒスベルク（戦後はロシア連邦のカリーニングラード）を基地とする高性能急降下爆撃機シュツーカなど一四〇〇機にのぼる航空機が襲いかかり、たちまち制空権を握った。ポーランド空軍の航空機はわずか四〇〇機にすぎず、開戦後二日間で壊滅した。急降下爆撃機は同時に橋梁や鉄道、通信網を空爆し、ポーランドは全土にわたって破壊された。

空軍のあとには機甲部隊が続いた。軽戦車、装甲車、自走砲などから成る車両部隊が先頭に立ち、さらに重戦車が加わっている。戦車の数はポーランド軍の七〇〇輌に対し、ドイツ軍は四倍の二八〇〇輌だった。兵員数はポーランド軍九五万人に対し、ドイツ軍はおよそ二倍の一八五万人。ドイツ軍は最初から圧倒的優位に立っていたのである。

しかもポーランド軍は騎兵を重視していた。「ビスワ川の奇跡」でピウスツキが勝利したのも勇猛果敢な騎兵がいたからだ。騎兵将校でもあるJ・ベック外相もかねてから「戦車はガソリンがないと動けないが、馬にはガソリンが要らないし、戦車が通れない泥道でも馬は通れる」と公言、そのためポーランド軍人九五万人のうち二五万人が騎兵部隊になっていた。しかし騎兵では戦車に勝てない。そのうえその年の秋は例年よりも高気圧が長く中部ヨーロッパを覆い、晴天が続いた。戦車も、そして急降下爆撃機も、晴天の下、思うままにポーランドを蹂躙した。

さらに具合の悪いことに、ポーランド軍の戦争準備が遅れた。総動員令が出されたのはドイツ侵攻の前日、つまり八月三十一日の夕方だった。

もちろんポーランド国民も、いずれは戦争になるだろうと予想はしていた。ヒトラーはすでに同年三月十五日にチェコスロバキアを併合、リトアニアのメーメル地方とポーランドのダンチッヒ回廊地帯を奪おうとしていた。ともに第一次世界大戦後のベルサイユ条約で東プロイセンからポーランドに割譲された旧ドイツ帝国領だ。そのため東プロイセンはドイツ本土からは〝飛び地〟になっており、領土が東西に分割されていることが、ヒトラーには我慢ならなかったのだ。

「欧州は発火せり」

ヒトラーはチェコ併合六日後の三月二十一日、ポーランドに対しダンチッヒ割譲を要求、ポーランドは二十六日にこれを拒否している。内陸国のポーランドにとってダンチッヒ回廊はバルト海に通じる唯一の通路だから、どうしても譲るわけにはいかなかった。この間、三月二十三日にはメーメルが併合され、残るはポーランドのダンチッヒ回廊だけになっていた。そこでイギリスとフランスは三月三十一日、ポーランドへの援助を表明した。ドイツの割譲要求に対抗し、ポーランドの独立保障を宣言したのだ。このためポーランド国民は、ドイツとの戦争になったとしてもイギリスとフランスがすぐ参戦してくれるものと信じていた。

また、のちにポーランド亡命政府の首相になるスタニスワフ・ミコワイチクの回顧録によると、多くのポーランド人は戦争開始から数週間以内にロシア（ソ連）が救援に来るものと信じ

ベルサイユ体制下(1918~1937)のドイツとポーランド(斜線部分は回廊地帯)

ていたという。一九三二年七月二十五日にポーランドとロシアは相互不可侵条約を結んでいたからだ。救援どころか牙をむいてポーランドに襲いかかることになろうとは、この時点では思いもしなかった。

そんななか、四月二十九日に日本大使館で天長節の祝賀会が行われている。当時ワルシャワにいた同盟通信（戦後は共同通信と時事通信に分かれる）の森元治郎特派員はこう書いている。

〈……大使館員、家族、武官室の者、それに民間人としてわずか数人が参集した。当時はパリでもベルリンでも、国際日には、大使館は在留民全部に招待状を出したものだった。全在留民が一堂に会せられたのだから、今日と比較すると全く夢のような話だった。

ワルシャワには「極東青年会」という親善団

体があった。第一次大戦のとき孤児となり、シベリア経由、アメリカに渡るとき日本のお世話になったという人々、その身寄りなどが集っての団体であった。この日、大使館はこれらを後援して、市公会堂にシーズン外れではあったが「バール・ヤポンスキー」（日本の夕べ）というダンス・パーティーを開いた。各界の招待者を含めて参会者は五百余名の盛況、「愛国行進曲」のクイック・フォックス・トロットは踊りやすいと好評であった〉（『ある終戦工作』森元治郎著、中公新書）

軍靴の響きは徐々に高まりつつあったが、まだまだノンビリしていた様子がうかがえる。しかし同年八月二十三日、世界は驚愕する。水と油、赤と白と見られていたドイツとソ連が不可侵条約を締結したからだ。森元治郎記者は想像もしなかった両国の不可侵条約締結に呆然として解説記事が書けなかった。日本の平沼騏一郎内閣に至っては「欧州情勢は複雑怪奇」として総辞職（八月二十八日）してしまった。

そして運命の九月一日。ドイツ空軍は早くも首都ワルシャワを爆撃している。同じく森元治郎の回想から。

〈九月一日朝六時半過ぎ、「飛行機が爆弾を落している」というただならぬアンナ（注・お手伝いさん）の叫びに、私は飛び起きてバルコニーに出た。薄い白雲が浮ぶ青い空の好天である。西の方、オケンチェ飛行場あたりに、左側面をこちらに見せつつ、一機また一機と降下してゆくのが見える。……しかし、迎え撃つはずの高射砲や機銃音は聞えない。戦争ならなんとなしにあたりに殺気があるものだが、それがない。「こりゃ防空演習かな」と思った。そこへオケンチェ飛行場付近の住民から、あれはニエメッツの飛行機だと伝えてきた。〉

ニエメッツとは「ドイツ野郎」という意味である。奇襲を受けて反撃の暇もなかったことがわかる。

九月二日の『朝日新聞』は「欧州は発火せり」という見出しを掲げてナチスのポーランド侵攻を伝えたが、イエジ・ストシャウコフスキは「発火」の知らせをポーランド西南部の町ビエルンで聞いた。当時二八歳、予備少尉だったイエジはウッジ軍団に駆けつけ、第三六大隊の歩兵中隊長としてドイツ迎撃戦に加わった。

遅れた英仏の宣戦布告

ウッジ軍団はユリウシュ・ルンメル中将の指揮する軍団で、ポーランド第二の都市ウッジ（ウッチ）の守備に当たっていた。

ウッジ軍は歩兵四個師団、騎兵二個旅団から編制されていた。当時のポーランド軍の配置は、東プロイセンとの国境線にナレフ軍（歩兵三個師団、騎兵二個旅団）、ヴィスコフ軍（歩兵三個師団）、モドリン軍（歩兵二個師団、騎兵二個旅団）を、回廊地帯にはポモジェ軍（歩兵五個師団、騎兵一個旅団）を置いていた。一方、ドイツとの国境線には北からボズナニ軍（歩兵四個師団、騎兵二個旅団）、ウッジ軍、クラカウ（クラクフ）軍（歩兵五個師団、山岳一個師団）、チェコとの国境線にはカルパート軍（山岳二個師団ほか）を配した。このほかウッジ軍とクラカウ軍の中間にプロイセン軍（歩兵六個師団、騎兵一個旅団）、ワルシャワ防衛にはピスコル軍（歩兵一個師団、戦車一個旅団）、さらにウクライナのブレストリトウスクにポラジー軍（歩兵二個師団ほか）が置かれた。騎兵が多いことがわかる。

ウッジ市は九月八日に占領され、ウッジ軍はやむなくワルシャワまで撤退、イエジはチューマ将軍の指揮下で首都防衛戦に加わることになる。ワルシャワ防衛総司令官のチューマ将軍は、かつてシベリア第五師団の司令官として赤軍と戦い、ウラジオストクまで追い詰められたところをシベリア出兵中の日本軍に救出されて大連、長崎経由でポーランドに帰国した人物だ。イエジにとっては奇縁だった。

しかしドイツ軍の首都ワルシャワへの包囲網はじりじりと迫って来る。「欧州は発火せり」に続く『朝日新聞』の連日の見出しを紹介する。

「独軍三方面より進攻――陸、空、海を挙げて猛爆――ダンチヒ実力占拠」「独軍、回廊の大

半占領」「独空軍、各地爆撃」（三日）
「全欧州果然大動乱へ――英仏遂に宣戦布告す――波蘭救援に断固決起」（四日）
「独軍ワルソーへ急進――波軍必死の防戦」（五日）
「ワルソー大爆撃」「回廊二都市陥落――戦線ワルソーに近づく」（六日）
「独軍、大戦車隊を先頭、ワルソー郊外に殺到――首都放棄、ルブリンへ」「ワルソー陥落迫る――独軍クラカウを占領」（七日）
「独軍ワルソーへ突入――戦局第二段階に入る――ヒ総統休戦を提議か」（十日）

見出しにもあるように、英仏がドイツに宣戦布告したのは九月三日。ここに第二次世界大戦が勃発した。しかし英仏の決断が遅れたため、ポーランドは早くも壊滅状態だった。英仏はポーランドに援助を約束したものの、内心は戦争を望んでおらず、またドイツが宣戦布告しなかったので一時的な紛争ではないかとも見なしていた。ようやくドイツに宣戦布告した時点ではワルシャワ陥落も時間の問題だった。

首都脱出

ポーランド政府（モシチツキ大統領）が五日に首都をワルシャワからルブリン（ワルシャワから

東南一五〇キロにある古都）に移したのに伴い、各国の駐ポーランド公大使館も同日ルブリンに避難した。日本大使館でもこの日、酒匂大使夫人と子供、井上益太郎二等書記官夫人とその子供、後藤領事夫人と子供、上田武官と林武官の夫人と子供など婦女子二〇人が車三台に分乗してソ連との国境に近いストウブツェに向かった。

そして翌六日には後藤領事以下の籠城組の見送りを受け、酒匂秀一大使、蜂谷輝雄参事官、井上益太郎二等書記官、上田昌雄武官、野村三郎武官補がワルシャワを離れ、森記者ら三人のジャーナリストとともにルブリンへ、ルブリンからはさらにポーランド外務省役人の指示でソ連との国境近くのクジェミエニッツに移った。ここには各国公大使館員やその家族など二〇〇人以上が集まっていた。日本人一行はこのあと九月十五日にポーランドを退去、ルーマニアに避難する。

こんなポーランドの状況を新聞で見て心を痛めていたのが元日本赤十字社総務課の山内琢磨。東京の福田会に収容されていたポーランド孤児たちを一年間にわたって世話し、「お父さん」と慕われた山内は、新聞記者のインタビューにこう答えている。このとき七七歳。

〈ウラジオから敦賀に送られてきた第一回の孤児は三百七十五名、付添人が三十二名。全部といっていいくらいの怪我人ばかりでしてな、小さな子供が痛む傷に耐えかねて〝パパ〟〝ママ〟と泣き叫ぶ声が潮風にとぎれとぎれに聞えてくるのです。思わず胸を締めつけられて貰い泣きしてしまいました。……みんな素直な子供でしたよ。上野動物園や毛利公の御邸などに連れていってもよくほめられました。当時の皇后陛下がお出でになられたときはお側近く整列して見事な「君が代」を歌いましたところ、かしこくも陛下にはそのなかのゲノウエハーといって三つになる女児の頭をお撫であそばしました。……ああ、その子ももはや数え年二十八。こんどの戦争では必ず日本兵と同じような働きをしていることでしょう。それだけがあの孤児に寄せる私の願いです〉(『読売新聞』一九三九年九月十三日付夕刊)

数え年二八歳というのは山内の勘違いで、二三歳のはずである。

ポーランドの各都市を爆撃しながら、ドイツ軍は十四日にワルシャワ包囲作戦を完了する。ワルシャワはなお頑強に抵抗を続けていた。その中心となったのはワルシャワ市長のステファン・スタジンスキ。彼は首都防衛文民委員も兼務、ラジオを通じて全市民に徹底抗戦、ワルシャワ死守を呼びかけた。しかしポーランド国民は十七日未明、さらなる悲報に接する。あろうことかソ連軍=赤軍がポーランドとの相互不可侵条約を一方的に破棄、雪崩を打ってポーランド領内に侵攻して来たのだ。これまた宣戦布告はなかった。

独ソの秘密議定書

赤軍の兵力は兵士約一五〇万人、戦車六〇〇〇輛超、航空機約一八〇〇機。戦車などはドイツ軍の二倍である。ポーランドの国境警備軍はわずかな抵抗を見せただけで、たちまち制圧された。これを見てモシチツキ大統領、ベック外相、スミグリーリズ元帥らポーランド最高責任者たちは前述のようにルブリンへ移動、その後ルーマニアに亡命した。モシチツキ大統領は九月三十日ウワディスワフ・ラチュキェヴィチを後継者に指名、ラチュキェヴィチは同日パリにいたウワディスワフ・シコルスキ将軍に組閣を命じている。のちにロンドンに移転するシコルスキ政府は、ただちに英仏両政府から承認された。

赤軍のポーランド侵攻は、実は独ソ不可侵条約の付属秘密議定書に従ってのものだった。八月二十三日に締結された独ソ不可侵条約では、秘密議定書でバルト諸国（フィンランド、エストニア、ラトヴィア、リトアニア）の再編・分割と同時にポーランドの再編・分割も決められていた。ナレフ、ビスワ、サンの三河川をドイツとソ連の境界とする、というものだ。この決定は、九月二十八日にリッペントロップとモロトフが調印した秘密議定書でこう書き換えられた。

「一九三九年八月二十三日調印の付属秘密議定書を次のように改める。リトアニアはソ連の勢力圏に入る。ルブリン県のすべてとワルシャワ県の一部はドイツの影響下に置かれる」。

あらかじめ独ソ両国でポーランド分割を秘密裡に決めていたのだ。付属秘密議定書の存在が明らかになったのは一九四六年だが、ソ連は一九八八年にゴルバチョフ（当時は書記長兼最高会議幹部会議長。のち大統領）が認めるまでそれを否定し続けた。

首都ワルシャワではなおも戦闘が継続していた。しかしドイツ侵攻から三週間経った九月二十一日には電気、水道はすべて破壊され、食糧の配給もなくなった。翌々日の二十三日にはワルシャワ放送も止まる。この日のことをピアニストであり作曲家のウワディスワフ・シュピルマンはこう書いている。彼はこの当時ワルシャワ放送局で仕事をしていた。

〈放送センターのドアのところで、スタジンスキ市長に出会った。髪を乱し、髭は剃っておらず、死人さながら疲労困憊の表情をしていた。何日も眠っていないのだろう。防衛戦に身も心も打ち込む彼は、真に市の英雄だった。スタジンスキはどこへでも出掛けた。あちこちの塹壕にも赴いた。バリケードで封鎖した建物を管理し、病院を組織し、残り少なくなった食料品を公平に分配し、空襲に対する防衛、防火態勢を整え、さらに毎日、市民に話しかける時間もやりくりした。誰もが、彼の演説を熱望し、その一語一語で勇気を奮い起こすのである。……ラジオ局での最後の日、私はショパン・リサイタルを開く。これがワルシャワからの最後の音楽放送となる。……その日の午後三時十五分、ワルシャワ放送局は電波を止めた。ラフマニノフのピアノ協奏曲（第二番）ハ短調の録音が放送されていた。美しく平和な第二楽章が終わろうとしたちょうどそのとき、ドイツ軍の爆弾が電源室を破壊した。突然、街中の拡声器が静かになった〉（『戦場のピアニスト』佐藤泰一訳、春秋社）

ワルシャワはさらにそのあと一週間持ちこたえたが、九月二十七日、ついに陥落した。スタジンスキ市長は午前九時、軍使をワルシャワ攻略担当のドイツ第八軍司令部に派遣し、降伏を申し入れた。その翌日の二十八日、ドイツ外相リッペントロップが再びモスクワに飛び、ソ連政府全権モロトフとの間で独ソ友好条約に調印、獲物を分け合った。すなわち第四次のポーランド分割で、二十年間自由を享受したのち、ポーランドはまたもや独立を失い世界地図から姿を消す。不可侵条約の秘密議定書どおり、リトアニアはソ連に割譲され、首都ワルシャワはドイツ領となった。十月五日、ヒトラーはワルシャワで満足げにドイツ軍を閲兵、「諸軍はポーランドの攻撃に対し、よく祖国を防衛した」と演説している。

秘密裡に孤児部隊を結成

ビスワ川右岸のプラガ地区防衛戦に加わっていたイエジ・ストシャウコフスキは、ワルシャワが陥落したため国外脱出を考えた。ドイツと戦い続けるためだ。実際、独ソによる占領の前に、数万人のポーランド部隊が英仏などに逃れている。とくにポーランドの飛行士たちは英国の防衛のため多大な貢献をすることになる。このことはあとで述べる。

しかしイエジはスタジンスキ市長に「君は孤児たちを見捨てる気か」と諭され、ワルシャワに留まる決心をした。陥落したワルシャワには親を失った子供、栄養失調や病気で苦しむ子供、そして浮浪児が一気に増えたからだ。イエジにスタジンスキ市長を引き合わせたのはチューマ将軍である。

尊敬するスタジンスキ市長の言を容れて軍服を脱いだイエジは、ワルシャワ市内のイェロゾリムスキェ通りに孤児院を開設（のちオケンチェ地区に移転）、孤児や浮浪児を収容し始めた。さらにイエジは一九三九年十月、極東青年会幹部を秘密裡に招集、組織ぐるみで地下抵抗運動に参加することを決めた。これに伴って組織名も「特別蜂起部隊イエジキ」と改め、イエジは自ら司令官になった。イエジキというのは「イエジの子供たち」という意味で、通称名はイエジキ。孤児部隊とも呼ばれた。

イエジキ部隊の主な任務はパルチザン部隊員の育成、地下軍事訓練、武器の調達と保管、サボタージュ活動の組織化などで、イエジが作った孤児院が活動の拠点となった。かつてのポーランド孤児たちのほかイエジたちが面倒を見ている孤児たちも加わり、やがてポーランド全土で一万数千人を抱える大組織になる。

表向きは孤児院を経営、孤児たちの保護・教育に当たっていたイエジにとって、もっとも危険だったのがナチスの秘密警察ゲシュタポだった。ポーランド人のレジスタンス運動を警戒し、始終市内をパトロールしていたからだ。

ある日、孤児院がゲシュタポに家宅捜索されかけた。保管している武器などが見つかればおしまいだ。そんなときに助けたのが在ワルシャワの日本大使館員だった。前掲書『ワルシャワ蜂起』にこんなエピソードが載っている。

〈そのようなとき、孤児院院長でもあるイエジは子供の一人を日本大使館に走らせるのだった。かねてから、なにかの際には連絡しろ、助けに駆けつける、との話になっていたのである。

息せき切って駆けつけた子供からイエジの伝言を聞くや、ときの一等書記官・井上益太郎が孤児院にすっとんでいった。井上はゲシュタポの隊長に落ち着きはらって日本式のおじぎをして、やおらこう述べた——

「この孤児たちは、われわれが面倒をみており、身元は保障する。あなたがたの手をわずらわせるまでもない。どうかお引き取りいただきたい」

井上の堂々とした態度にゲシュタポも気押され、引き揚げていった。その場にいたポーランド人は大人も子供も、手をたたいて喜び合った。それからというもの、ワルシャワの孤児院では日本式のおじぎが流行したという。〉

こうしたことは何度もあったようで、別のときにはやはりイエジからの通報で駆けつけた日本大使館員が、「このドイツ人になにか日本の歌を聴かせてやってくれ」、と呼びかけた。そこでイエジや孤児たちは全員で「君が代」や「愛国行進曲」といった歌を日本語で合唱するや、さすがのゲシュタポも「失礼しました」と引き揚げたという。

ポーランド人が守った日本大使館

井上益太郎は一八九九（明治三十二）年十月パリ生まれ（本籍は東京市牛込区）。一高、東京帝大法学部を卒業して外務官僚となり、フランス、ベルギー、アメリカなどの在外公館で勤務したあと、一九三七（昭和十二）年十一月にポーランド大使館二等書記官として赴任して来た（引用文中「一等書記官」とあるのは誤り）。

前述のように、一九三九年九月六日に酒匂秀一大使や蜂谷輝雄参事官らとともにワルシャワを脱出、同年十月には二等書記官としてハンガリー公使館勤務を命ぜられているから、イエジたちを庇ったのはおそらくハンガリーに赴任する前、ドイツ当局の許可を得ていったんワルシャワに戻った際だと思われる。

当時日本はドイツ、イタリアと日独伊防共協定を結んでいたが、ポーランドからはソ連に関するさまざまな情報を得る必要があったし、また日独防共協定（一九三六年）に反してソ連と不可侵条約を結んだドイツに不信感を抱くようになっていた。そういう事情もあって、もともと極東青年会と強い絆で結ばれていた日本大使館はイエジたちをゲシュタポから守ったのだろう。井上はその後ユーゴスラビアやポルトガル勤務ののち退官、一九五六（昭和三十一）年六月に今度は日本赤十字社の外事部長に就任、在日朝鮮人の北朝鮮帰国事業に携わっている。

在ポーランド日本大使館はこのあと間もなく業務を終える。ワルシャワを脱出、ルーマニアにいた酒匂秀一大使に帰朝命令が出たのは一九三九年九月二十八日だが、酒匂はすぐには帰国できなかった。ポーランドの状況調査、ドイツ軍の情報収集、そしてワルシャワの日本大使館を閉鎖する仕事が残っていたからだ。すでにこの時期、東京とワルシャワにあるポーランドと日本の両国大使館に対し、「閉鎖せよ」というドイツの圧力が強まっていた。ことに駐日本ポーランド大使館は亡命政府の下で運営されて活動を続けており、ドイツの神経に障った。

酒匂がようやくルーマニアからワルシャワに戻ったのは同年十一月十一日。新任ブルガリア公使の蜂谷前参事官、それに道正、橋爪両書記生と一緒だった。日本大使館はいくらか破損していたものの、建物自体は奇跡的に無事だった。近くの英、米、仏などの各大使館は軒並み全壊か大破していたが、日本大使館はポーランド人の使用人たちが必死で守ったおかげで軽微な損傷で済んだ。

酒匂大使は使用人全員を集めて長年の労苦を謝し、日本政府の名で特別手当と記念品を贈った。「そして今後いずれ解雇せざるを得ない旨を伝えたところ、一同は日本政府の好意に感泣して本使一行も感激の涙にくれたり」と酒匂は外務省に打電している。

また先に紹介した同盟通信の森元治郎記者も「記事にしない」という条件でドイツ当局の許可をもらい、十二月十五日にワルシャワに戻っている。森の回顧録からもう一カ所引用する。

〈ポーランド避難民から託された沢山の手紙などを身体一杯につけて、十二月中旬出発した。十五日夜九時、ワルシャワに着いた。街路の電燈がついていてとても明るいのが意外だった。ピラツキエゴ十番地にある大使館は無事、籠城組の後藤副領事以下全員、現地人職員も一人も欠けず出勤していた。私が残していったフィアットはガレージにあった。それにアパートに残したままだった洋服、身廻り品、書籍なども一切梱包されて倉庫にしまってあった。これらの荷物は女中のアンナが仲間の力をかりてここまで運んで来てくれたとおしえてくれた。あのワルシャワ包囲戦で二万五千の死傷者が出ているのに、いつどうしてやってくれたのか。私は涙がとまらなかった。彼女の行方はついにわからなかった。無事でいてくれと祈るばかりであった。

街のあちこちに「イギリスよ！　これは汝の罪だ」とチェンバレン首相の顔が入った大きなポスターが目につく。血に塗れたポーランド軍兵士が破壊されたワルシャワの街を指して、来援しなかったチェンバレン首相をなじっている図である。〉（前掲『ある終戦工作』）

チェンバレンをなじっているポスターは、実はナチスのプロパガンダ。ドイツに宣戦布告はしたものの、とうとう救援に来なかったイギリスを皮肉っている。対独融和政策を基本としたイギリスのアーサー・ネヴィル・チェンバレン首相は一九四〇年五月十日に退陣、翌五月十一日には主戦派のウィンストン・チャーチルが首相の座に就いた。チェンバレンは半年後の十一月九日、失意のうちに死去している。

バトル・オブ・ブリテン

イギリスはポーランドの救援に来なかったが、その一方、亡命したポーランド航空兵たちはイギリスのため奮戦することになる。いったんドイツの軍門に降ったポーランド軍の兵士たちはフランスやイギリス、ルーマニアなどに亡命し、各国で「自由ポーランド軍」を組織した。そのうちイギリスに渡ったポーランド人パイロットたちは英本土を守る「バトル・オブ・ブリテン（英独航空戦）」に参加、憤怒の形相でドイツ空軍と渡り合う。バトル・オブ・ブリテンは一九四〇年夏、イギリスの存亡を賭けたドイツとの世界最初の航空決戦だ。チャーチル首相はのち、「人類史上、かくも少ない人が、かくも多数の人を守ったことはない」と最大限の賛辞を贈っている。

〈迎撃機飛行隊の各基地が連日、ドイツ軍の空襲を受けるなか、あの亡命ポーランド空軍の二個目の部隊である三〇三飛行隊は獅子奮迅とも、救世主とも形容できる働きを見せた。もともと戦闘機乗りとしての技量は高く、九月初めには全員が戦闘可能と評価され、実戦に参加した。戦果確認がポーランド人同士だったので、大きすぎる戦果報告をいぶかった基地司令のS・ヴィンセント大佐が五日に自ら飛行して戦果確認したところ、地上では純朴なポーランド人が空では鬼神に姿を変えている様を目の当たりにしたという。

ドイツ爆撃機編隊に向かっての逆落としあり、爆弾倉めがけての肉薄射撃ありと、ドイツ軍に対する復讐の念を叩きつけたような戦い方に驚愕するばかりだった。〉（『英独航空戦』飯山幸信著、光人社）

その戦いの凄まじさがわかる。バトル・オブ・ブリテンにはポーランドの四飛行連隊（第三〇〇、三〇一、三〇二、三〇三）が参加、すばらしい功績をあげた。撃墜したドイツ軍航空機の約一二％がイギリス空軍全体の五％にすぎないポーランド人パイロットによるものだった。亡命ポーランド軍はそのほかでもドイツ軍と猛烈な戦闘を繰り広げた。あとでも触れるイタリアのモンテカシノでの戦いなどは有名だ。

ワルシャワの日本大使館が正式に閉鎖されるのは一九四一年十月四日。同日、東京のポーランド大使館も日本政府の認可を取り消され、閉鎖された。前年の九月二十七日には日独伊三国同盟が結ばれ、大東亜共栄圏の新秩序形成と対英米戦争遂行のためにはいよいよドイツの協力が不可欠となった日本は、ポーランドに同情していたものの、やむなく東京のポーランド大使館への認可を取り消し、またワルシャワの日本大使館閉鎖を決定した。

とくに一九四一年七月三十日にシコルスキ亡命政府とソ連が対独共闘に関する協定を結んだことでドイツはかんかんになり、日本は同盟国であるドイツへの支持を改めて強く打ち出す必要があったのだ。そして同年十二月八日、真珠湾攻撃で日本は正式に第二次世界大戦に参戦。ポーランドはアメリカ、イギリスとともに日本に宣戦を布告した。日本とポーランドは敵対国になり、ここに国交は断絶した。

ゲシュタポに逮捕された元孤児

イエジたちはその後どうしていたか。

酒匂秀一駐ポーランド大使は一九四〇（昭和十五）年一月に帰国しているから、日本大使館もこの時点で実質的に業務を停止したと見ていい。日本大使館の庇護がなくなってからも、イエジキ部隊はパルチザン活動に従事していた。そんななか、イエジキ部隊の中隊長であるイノツェンティ・プロタリンスキがゲシュタポに逮捕された。一九四一年五月のことだ。

プロタリンスキは日本赤十字社の第二回目の救済事業によって一九二二年八月にウラジオストクから敦賀を経て大阪に収容された元ポーランド孤児のひとりで、このとき三三歳。彼の父親は帝政ロシアに対する独立運動に参加、政治犯としてシベリア流刑となり、その後サハリンに移送された。プロタリンスキはロシア革命とそれに続く内戦で孤児になり、放浪しているところをポーランド救済委員会によって発見、保護された。

ドイツ軍はポーランド占領直後からポーランド人を次々に捕え、強制収容所に送り込んでいた。名目は何でもよかったし、また名目なしに逮捕することも日常茶飯事だった。知識人や指導的立場のポーランド人、政治活動家、聖職者などが真っ先に逮捕された。ドイツに歯向かいそうな指導者層を根絶やしにし、ポーランド人をおとなしいだけの単純労働力にしようとしたのだ。プロタリンスキも「政治犯」として検挙された。

またこの頃すでに「ワパンカ」も始まっていた。ワパンカとは「人間狩り」のことをいう。街頭での無差別検挙だ。ドイツ軍はトラックで街頭を遮断、網ですくうように市民たちを捕え、片端からトラックに積み込んで強制収容所に送り込んだ。ドイツ軍に対する反抗を防止し、重労働に従事させるためである。

戦争が進み、ことに独ソ開戦（一九四一年六月二十二日）後はドイツ本国でも農業や工業に従事する労働者が不足してきたため頻繁に、かつ大量にワパンカが行われ、ドイツに送られた。占領期間全体を通して二三五万人のポーランド人がドイツでの強制労働に駆り出された。餓死寸前の食事しか与えられない、文字どおりの奴隷労働だった。抵抗すれば重罰が課せられ、処刑された。ポーランド人は労働力として生きることしか許されなかった。ドイツの大鉄鋼会社クルップでは、六歳のポーランド人〝工員〟が働いていたという報告もある。

逮捕されたプロタリンスキはワルシャワのパヴィヤク監獄にひとまず収監された。ここは帝政ロシアが一八三五年に作った監獄で、初めは刑事犯が収容されていたが、一八六三年の一月蜂起以降は主に政治犯が入れられるようになった。

そして五月二十八日、三〇〇人の囚人たちとともに貨車に乗せられ、アウシュビッツ（ポーランド語でオシフィェンチム）に向かった。

アウシュビッツはポーランド南部、クラクフの西方約五〇キロにある都市。一九四〇年四月、ここに強制収容所設営を命じたのはナチス親衛隊長官のハインリヒ・ヒムラー（一九〇〇〜一九四五）である。収容所長にはルドルフ・ヘス（一八九四〜一九八七）が就任した。プロタリンスキが収容された三カ月後の八月、ヒムラーはヘスを呼び出してアウシュビッツ強制収容所を絶滅収容所に改築するよう命じ、これに従ってヘスはアウシュビッツにガス室を設けることになる。

絶滅収容所とはユダヤ人を絶滅させるための収容所という意味だ。ここはユダヤ人をはじめとする一般市民約二五万人が常時収容された巨大な収容所で、終戦までの四年間に強制労働、伝染病、銃殺、毒ガスなどで四〇〇万人以上が虐殺された。プロタリンスキたちが向かった頃のアウシュビッツにはまだガス室はないが、生還はほぼ不可能だった。

プロタリンスキたちを乗せた貨車がワルシャワを出発するや、ひとりの囚人が小さな声で聖母讃歌（賛美歌）を歌い出した。やがて他の囚人もそれに和し、貨車内には荘厳な大合唱が響き渡った。最初に聖母讃歌を歌い出した囚人の名前はマクシミリアン・マリア・コルベ。カトリックの司祭である。

長崎とコルベ神父

コルベ神父は日本人にもなじみが深い。

彼は一八九四年一月八日、ウッジ市近郊の小さな町で生まれた。一九一八年に司祭に叙階され、一九二七年にはワルシャワ近郊に自らニェポカラヌフ修道院を建設、雑誌『聖母の騎士』を発行している。そして三年後の一九三〇年四月二十四日、コルベ神父はゼノ修道士、ヒラリオ修道士とともに日中連絡船・長崎丸で長崎に上陸した。日本に来た理由を後年ゼノ修道士がこう語っている。

〈「第一次大戦のとき、ポーランドにたくさんの孤児が出ました。孤児を助けるために一番よく働いたのは日本の赤十字です。三千人も助けました。そのとき、ポーランド人は初めて日本の国を知りました。ポーランドの司教さまは、日本の国のため祈るようすすめました。コルベ神父さまは、日本人に聖母マリアさまを知らせたいと思いました。早坂司教さまは、日本人で初めて司教さまになったお方です。早坂司教さまのことをポーランドの騎士誌にのせました。それで日本のことが、ポーランドの騎士たちの心に残ったのです。それで日本へ来ました」〉（『長崎のコルベ神父』小崎登明著、聖母の騎士社）

三〇〇〇人という数字は実際よりも大きいが、ともあれ、コルベ神父たちが来日したそもそものきっかけはポーランド孤児だったのである。

引用文中、「早坂司教」とあるのは早坂久之助（洗礼名はヤヌアリオ。一八八三〜一九五九）のこと。早坂は一九二七年、バチカンでローマ法王によって日本人として初めて司教に叙階された。

コルベ神父（聖母の騎士社提供）

長崎でコルベ神父はすぐさま「無原罪の聖母の騎士」布教運動を始め、一カ月後には日本語版の『聖母の騎士』誌を発行する。発行許可を与えたのは早坂司教だ。コルベ神父は長崎で六年間にわたって布教活動を続け、一九三六年五月、ニェポカラヌフ修道院に院長として戻るよう命じられて帰国した。この当時、『聖母の騎士』誌の発行部数は六万三五

○○部に達していた。

残ったゼノ修道士はその後の生涯を日本で過ごした（ヒラリオ修道士はのちに帰国）。

彼の本名はゼノン・ゼブロフスキ（一八九一～一九八二）。一九四五年八月九日、長崎に投下された原爆で自ら被災しながらも、「ゼノ、死ぬひまない」と戦災孤児や恵まれない人々のために一身を捧げた。

死去したのは一九八二（昭和五十七）年の四月二十四日。五十二年前、コルベ神父と一緒に長崎へ上陸した日だった。なお、一九五七年から四年間にわたってポーランド人民共和国駐日大使を務めたタデウシュ・ゼブロフスキはゼノ修道士の弟である。

ポーランドに帰ったコルベ神父は雑誌『聖母の騎士』や日刊紙『小新聞』を発行、聖職者として、また出版人として活動を続けていた。ナチス・ドイツのポーランド侵攻はコルベ神父が帰国して三年後だ。

戦争が始まると、コルベ神父は修道士たちを順次それぞれの故郷に帰らせた。戦線がどんどん近づきつつあったからだ。修道士のなかにはコルベ神父のアドバイスに従ってポーランド赤十字社に加わった者もいた。七〇〇人以上いた修道士のうち、修道院に留まっていたのは三六人だった。

戦争が激しくなると家財道具を持って東へ避難する人々が道路にあふれ、ニェポカラヌフ修道院は門を開いて市民や兵士の区別なく避難民や傷病者を迎え入れた。また修道院には秘密の地下学校も開設された。

コルベ神父がゲシュタポに逮捕されたのは一九四一年二月十七日。前に少し触れたように、雑誌や新聞で啓蒙活動に従事する知識人や出版人はドイツにとって生かしておけない存在で、さらに悪いことにコルベ神父は司祭だった。

ヒトラーがまず嫌悪したのはユダヤ人で、その次が司祭だった。アウシュビッツで収容者の受け入れを担当していた親衛隊の将校は、新たに収容者が到着するたびに、「この中にユダヤ人がいれば、その命はせいぜい二週間である。もし司祭がいれば、その命は一カ月で、残りの者は三カ月である」と宣言していた。ガス室こそまだなかったが、収容者は「通常」の労働でばたばたと死んでいった。

コルベ神父は身分を隠さなかったので、最初から監督囚人（カポ）にひどい扱いを受けた。重さ八〇キロの木材を運ぶのに思わず転ぶこともしばしばだったが、その都度激しく殴られ、蹴られた。あるときは通常の倍の重さの木材を背負わされ、「走って運べ」と命令された。転んだコルベ神父には五十回の鞭打ち刑が加えられ、死んだと思われて大木に空いた穴に押し込まれてそのまま放置された。夜になってそっとやって来た収容所仲間に辛うじて救われた。プロタリンスキはコルベ神父と同じ第一四号A棟（農業従事班）に収容されていた。

そして一九四一年七月末の暑い日、事件が起きる。

身代わりを申し出る

一九四一年七月末、コルベ神父やプロタリンスキなどが収容されていた第一四号A棟の囚人のひとりが、夕方の点呼のとき屋外作業から戻らなかった。脱走である。すぐさま捜索隊が出されたが、見つからなかった。同じ号棟の囚人たちには夕食は与えられなかった。そして翌日、ドイツ軍が外で捜索を続けている間、囚人たちは朝の六時からずっと収容所内の道路の上で立ち続けた。少しでも動くとカポが警棒で殴りつけた。もちろん朝食はなく、飲み物も与えられなかった。十二時間後の夕方六時、堪え難い暑さと空腹で四〇人が倒れ、動かなくなった。

囚人たちは、次に何が行われるかを知っていた。アウシュビッツでは見せしめのため、脱走者ひとりにつき一〇人の囚人が無作為で選ばれ、餓死刑に処せられるのだ。地下にある狭い懲罰拘禁室で食物も水も与えずに餓死させる、残酷きわまりない刑である。司令官ルドルフ・ヘスの副官で収容所長のカール・フリッツが、餓死刑に選ばれた囚人の番号（腕に入れ墨されていた）を読み上げていく。フリッツは害虫駆除用のチクロンBという毒ガスで収容所の最初の大量虐殺を行った人物だ。

囚人は一〇人一列で並ばされ、フリッツはその列でひとり死刑室行きの囚人を選ぶ。ひとりが選ばれるとその列は一〇歩前へ進み、フリッツは次の列のなかからまたひとりを選んでいった。そして一〇人目の生け贄が選ばれた。それはフランチチェク・ガヨブニチェクという元陸軍軍人（軍曹）で、このとき四〇歳。自分の番号を呼ばれた彼はふらふらと前に出て来て、「ああ妻よ、子供たちよ！」と叫んだ。と、突然コルベ神父が進み出た。その場で射殺されなかったのは、フリッツたちナチスにもコルベ神父が何をしようとしているのか、とっさにはわからなかったからだ。

「お前は誰だ。いったい何のつもりだ！」と怒鳴るフリッツに、コルベ神父は穏やかな声でこういった。「私はカトリックの司祭で、あの人の代わりに死にたいと思います。私は独り身でもう若くもありませんし、あの人には奥さんと子供がいますから」。意外なことに、コルベ神父の申し入れは受け入れられ、ガヨブニチェクは列に戻された。コルベ神父はすぐさま他の九人とともに地下の餓死刑室に入れられた。

二週間後、まだ生きていた者は四人で、うち意識のはっきりしているのはコルベ神父だけだった。彼は二週間、恐怖と絶望で震える餓死刑者のために祈り続け、賛美歌を歌った。いつまでも死なないコルベ神父を見て、収容所の医師がコルベ神父にフェノールという薬物の注射をした。一九四一年八月十四日十二時五十分、彼は死んだ。享年四七歳。コルベ神父は一九八二年、同じポーランド出身のローマ法王、ヨハネ・パウロ二世によって聖者に列せられた。

コルベ神父によって救われたガヨブニチェクはアウシュビッツから生還した。彼はアウシュビッツにおけるホロコースト（ナチスによるユダヤ人大虐殺）の生き証人として、またコルベ神父の崇高な行為を伝える語り部として後半生を生きた。頼まれればどこにでも出掛け、延べ数百回の講演をした。一九九五（平成七）年三月十四日、日本の各新聞はガヨブニチェクの死亡を報じた。共同電のその記事を紹介しておく。

〈フランチチェク・ガヨブニチェク氏（身代わりとなったコルベ神父に救われたナチス・ドイツ強制収容所元囚人）〉

ワルシャワからの報道によると、13日ポーランド南西部の町ブジェクの自宅で死去。94歳。第二次大戦中、日本へのキリスト教伝道でも知られるフランシスコ会修道士のマクシミリアン・コルベ神父が、ナチス・ドイツのアウシュビッツ強制収容所で身代わりとなって死刑に服したことで、命を救われたことで知られる。

コルベ神父は１９４１年、亡命者を救援したことなどを理由に逮捕され、収容所に送られた。７月に収容所で脱走事件が発生、その見せしめとして囚人10人に餓死刑が命じられたが、妻子のいるガヨブニチェク氏を気の毒に思った神父が身代わりを申し出、２週間以上、水や食料を絶たれた後、フェノール注射で虐殺された〉

元ポーランド孤児のイノツェンティ・プロタリンスキも、コルベ神父がガヨブニチェクの身代わりになった瞬間の目撃者のひとりとなった。プロタリンスキの腕に彫られた囚人番号は１

１６６５８。コルベ神父の囚人番号は１６６７０。わずか12番違いだった。ガヨブニチェクは１６７１５だった。

コルベ神父と同じ号棟で半年間を過ごしたプロタリンスキもアウシュビッツから生還、九二歳まで長生きした（二〇〇〇年一月に死去）。コルベ神父が日本にやって来たそもそもの理由がポーランド孤児だったことは書いたが、収容所での最後の日々も近くにプロタリンスキがいた。コルベ神父もまたポーランド孤児と不思議な縁で結ばれていたといえよう。

第八章　地下水道の戦い

ゲットーに押し込められるユダヤ人

コルベ神父のような聖職者や知識人などポーランドの指導者層を虐殺し、一般ポーランド人を労働力として大量にドイツ本国に送り込んだナチスだが、ユダヤ人に対してはさらに残忍非道な仕打ちをした。ポーランド占領当局であるドイツ国防軍のユダヤ人への対応は、最初から尋常ではなかった。国防軍最高司令官参謀長のヴィルヘルム・カイテル元帥はポーランド占領直後、「ポーランドのインテリ、貴族、ユダヤ人は死んでもらわなければならない」といったが、その言葉どおり、ドイツは早くも一九三九年九月にゲットー建設の準備司令を出している。総督管区（GG）と呼ばれるクラクフ、ラドム、ワルシャワ、ルブリンの四つの区域（のちガリツィアも編入）のなかでは、一九三九年十月にピョトルクフ・トルィブナルスキに最初のゲットーが作られている。

ゲットーとは都市の一角を切り離してユダヤ人を隔離し、居住させる区域のことで、ポーランド国内に四〇〇カ所も作られた。多くのゲットーは一九四〇年から四一年にかけて建設され、その最大のものがワルシャワ・ゲットー（一九四〇年に完成）だ。ワルシャワでは約四五万人のユダヤ人がせいぜい一〇万人しか入れない狭い土地（面積三・三六平方キロメートル）に押し込められた。市の三〇％を占めるユダヤ人が、市のわずか二・四％の土地に収容されたのだ。

ワルシャワなど大都市のゲットーは高さ三メートルの塀で囲われ、ドイツ警察が監視した。

ワルシャワ・ゲットー（『ポーランドの高校歴史教科書』より）

そのドイツ警察を補佐したのがドイツの命令でできたユダヤ人警察組織である「ユダヤ人秩序監視」と、ドイツ当局の治安維持に協力した「ポーランド警察」だ。抑圧的な法令の施行をユダヤ人やポーランド人自身にやらせるという、ドイツの巧妙な統治法である。

ここに収容されたユダヤ人は「ダヴィデの星」という特別な腕章（六角のユダヤの星のついた一〇センチ幅の白い腕章）を付けさせられ、強制的に労働部隊に編入させられた。食事はわずかな配給だけである。

ワルシャワ・ゲットーでは飢えと病気がものすごい勢いで蔓延していた。何千人もの貧者や物乞いがゲットー内にたむろし、常に施しを求めている。誰かが食料品の袋を持って通りかかればたちまち浮浪児に襲われ、奪われた。その獲物をめぐって浮浪児同士が殴り合った。

飢えさせることはナチス・ドイツの政策だった。ドイツ国防軍元帥のフォン・ルントシュテットは「我が国の人口を隣国の二倍にしなければならない。そのためには、我々は隣国の人口の三分の一を抹消しなければならない。それは組織的に飢えさせることによって実現できる。飢えさせる方が機関銃よりも効果的であり、特に若い者の場合はそれがベストの方法なのだ」と述べている（『戦争と子ども』グリーンピース出版会・KAW）。

当時、ワルシャワを占領していたドイツ軍一人当たりの一日分の食糧は一六一三キロカロリーだったのに対し、ポーランド人は六六九キロカロリー、ユダヤ人はわずか一八四キロカロリーだった。

衛生面も最悪で、とくにチフスが猖獗《しょうけつ》をきわめた。


〈ゲットー内では、チフスで死ぬ犠牲者が急速に増えていた。ところが、これに見合った埋葬方法がない。だからといって、死体を室内に放置しておくわけにもいかない。結局のところ、当座の解決法が見つかった。死体は衣服をはがされた。生きている者たちにとって、死体に服を着せたままにしておくのはあまりにももったいないという口実で。そうして、死体は紙にくるまれ、舗道にほうり出された〉（前掲『戦場のピアニスト』）

一九四二年七月に「移送」が始まるまでに、ワルシャワ・ゲットーでは一二万六三〇〇人が死亡している。ポーランド全体では五〇万人だ。では、この「移送」とは何か。

一九四二年一月二十日、ベルリンのグローゼン・ヴァンゼーという高級住宅地にあるナチス親衛隊所有の家で、ナチスの高官一五人が集まって会議を開いた。「ヴァンゼー会議」と呼ばれるものだ。

議長は国家保安本部長官であり親衛隊大将のラインハルト・ハイドリヒ(一九〇四~一九四二)。彼はハインリヒ・ヒムラー(親衛隊全国指導者。一九〇〇~一九四五)の筆頭副官である。そして議事録を作成したのはのちにアルゼンチンで逮捕、処刑されたアドルフ・アイヒマン(親衛隊中佐。一九〇六~一九六二)。このほかヨゼフ・ビューラー(ポーランド総督府次官)、ハインリヒ・ミュラー(秘密警察局局長、親衛隊中将)、ルドルフ・ランゲ(親衛隊大佐)カール・エバーハルト・シェーンガルト(親衛隊将軍)などが顔を揃えた。

ユダヤ人絶滅を決定

議題はナチス占領下全ヨーロッパのユダヤ人絶滅。そしてこれを満場一致で議決するや、すぐさま占領下のポーランドに一連の絶滅収容所を建設し始めた。最初の絶滅収容所はネル河畔のヘウムノで、これは一九四一年十二月に建設された。その後の数カ月間にマイダネク、トレブリンカ、ソビブル、ベウジェッツなどが次々に建設され、なかでも最大の絶滅収容所がアウシュビッツ（オシフィエンチム）である。各絶滅収容所にはガス室が作られ、最初は一酸化炭素の排気ガス、のちには青酸ガス（シアン化水素）を含むチクロンBが使われた。

強烈な塩素消毒で息もできないような家畜用貨物列車に積み込まれてポーランド内ゲットー、あるいはヨーロッパ各国から送られてきたユダヤ人は、「入浴」を口実にして、公衆浴場のように見えるガス室へと裸で送り込まれた。ワルシャワからいちばん近い絶滅収容所（ワルシャワ北東約八〇キロ）であるトレブリンカでは、一日当たり一万人から一万二〇〇〇人が殺戮された。

このトレブリンカ絶滅収容所では合計約八七万人が殺されたが、そのなかにヤヌシュ・コルチャックと二〇〇人の子供たちもいる。

世界初の小児専門医といわれるコルチャック（本名はヘンリク・ゴールドシュミット）は一八七八年ワルシャワ生まれ（一八七九生まれとする資料もある）。当時のワルシャワは帝政ロシア支配下のポーランド王国の首都だった。父のユゼフはワルシャワの有名な弁護士で、祖父は医者。父、祖父はともに著述家でもあった。

コルチャックは二〇歳でワルシャワ大学の医学部に入学、同時にヤヌシュ・コルチャックのペンネームで戯曲やエッセー、児童小説などを書き始めた。翌年戯曲『どの道を』でパデレフスキ賞を受賞。大学卒業後はロシア軍の軍医として日露戦争にも従事（中国東北地方に派遣）している。そして一九一一年、三三歳になった彼は病院勤務を辞めてユダヤ人の子供たちの施設「孤児たちの家」(ドム・シェロット)の院長となった。孤児たちの世話をすることはコルチャックの念願だった。その後、第一次世界大戦でロシア軍軍医として、ソビエト・ポーランド戦争でポーランド軍軍医として働いた以外は孤児院の運営と著述活動に没頭した。代表作の一つで、ナチスにより焚書処分にされた『小さなジャックの破産』(子供用読み物)が書かれたのは一九二四年、コルチャック四六歳のときである。

ポーランド放送局からの依頼で子供向けの連続ラジオ番組『老博士のおはなし』を始めたのは一九三五年。すでに一九三三年にはドイツでヒトラー政権が誕生し、反ユダヤ主義がポーランドにもはびこり始めていたため、ユダヤ人である彼の名前も履歴も写真も公表されなかった。『老博士のおはなし』は三六年に打ち切りとなった。しかし翌年にはポーランド文芸アカデミーから文学賞を受賞している。彼の著作は児童読み物、戯曲、エッセー、論文、教育関係など多岐にわたり、その数は八八七にものぼるという。そしていよいよ始まったナチス・ドイツのポーランド侵攻。

ドイツ軍がポーランドに入って来るや、コルチャックは洋服屋に飛び込んで軍服を買った。軍医として招集されるかもしれないと考えたからだ。軍医としての招集はなかったが、コルチャックはそれ以降軍服姿で民間の救急班を指揮、負傷者の救援活動に専心した。またポーランド放送局の依頼で再びマイクの前に立ち、ワルシャワ防衛について人々の協力を呼びかけ、また子供たちにどう振る舞えばいいかを語りかけた。しかし前述のように三週間の抵抗も空しくワルシャワは降伏する。

ドイツの占領下、ワルシャワのユダヤ人はワルシャワ・ゲットーに閉じ込められ、コルチャックの経営するユダヤ人の子供たちのホーム「孤児たちの家」もゲットーに移転させられることになった。

引っ越しの日、子供たちは職員に引率され、整然と二列に並んでゲットーへ入って行った。しかしこのとき、トラックで運搬しようとしたジャガイモが警察官に見とがめられ、没収されてしまった。ジャガイモのゲットー内持ち込みは禁止されていたのだ。しかし子供たちにとってジャガイモは命の綱である。コルチャックは警察官に激しく抗議したが、彼がユダヤ人であることがわかると手ひどく殴打された。またユダヤ人に義務付けられている「ダヴィデの星」の腕章もしていなかったので即座に逮捕され、ワルシャワ市内のパヴィヤク監獄に収監された。コルチャックのかつての教え子たちが懸命に保釈金を集め、数カ月後、ようやく釈放された。

コルチャック先生の死

その後、ワルシャワ・ゲットーは縮小され、それに伴って「孤児たちの家」も再度移転させられた。そして一九四二年七月二十二日朝、ゲットーは武装警察隊に包囲され、ナチス親衛隊将校からドイツ軍当局の決定がユダヤ人評議会（ワルシャワ地区のユダヤ人を管理する組織。ドイツの命令で占領直後に発足）に伝えられた。「一部の必要な者を除いて、すべてのユダヤ人は東部へ移住する。命令に従わない者は射殺する」というものだ。もちろん「移住」というのは嘘で、事実は絶滅収容所への強制移送である。移送は九月十三日まで続いた。移送されるユダヤ人は一日五〇〇〇人。やがて一万人にまで増やされ、すべてトレブリンカ絶滅収容所に送られて殺された。

「孤児たちの家」が武装警官に包囲され、コルチャックと二〇〇人の子供たちの強制連行が行われたのは八月六日の早朝だった。ゲットー北部の積換場（トレブリンカ行きの貨車が出るプラットホーム）に向かう行列の先頭に立ったのは最年少（五歳）の少女を腕に抱き、ひとりの男の子の手を引いた軍服姿のコルチャック。その後ろから二〇〇人の子供たちが四列の隊列を組んで整然と歩いた。コルチャックたちが貨車に積み込まれるところを目撃したポーランド人の話。

〈まるで天使たちが現れたのではないかと、人々は思わず息をのんだ。泣いている子供もいたが、この積換場で、このような光景を目にすることは決してありえなかった。旗を先頭に、整然と四列に並んだ行列が、やせこけた老人に引率されて到着した。

「これはいったい何なのか」

SS指揮官が問いただした。

「コルチャックとその子供たちだ」

誰かが言った。指揮官は、その名を思い出そうと努めていた。子供たちはその間にすでに貨車に積み込まれ始めていた。

「この人があのコルチャック？　あなたは、『小さなジャックの破産』を書いたかね」

「そう、書いた。でも、そのことが、なにか、この移送と関係があるのかね」

「いや、しかし、あれは良い本だ。私は子供の頃、あの本を読んだことがある」

「……」

「あなたは乗らずにここに残ってもよろしい」

「それで、子供たちは？」

「ああ、それは、不可能だ。子供たちは行かねばならない」

コルチャックは叫んだ。

「あなたは間違っている。まず子供たちを――」

彼は自ら貨車に入っていった。〉（『コルチャック先生』近藤二郎著、朝日新聞社）

コルチャックが何日に殺されたのか、正確な日付はわからない。アンジェイ・ワイダ監督の映画『コルチャック先生』（一九九〇年）ではラスト、画面いっぱいにこんな文字が出る。

〈コルチャックは一九四二年八月、子供たちとトレブリンカのガス室で死んだ〉

この映画は、アンジェイ・ワイダ監督が「どうしても作りたい映画」のひとつだった。コルチャック生誕一〇〇年に当たる一九七九年、ポーランドは国連の人権委員会に「子供の権利条約」を提案した。これはコルチャックが作った「子供の権利大憲章」を受けてのもので、この「子供の権利条約」は一九八九年十一月二十日、国連総会で採択された。

なお、コルチャックとウワディスワフ・シュピルマン（戦場のピアニスト）はワルシャワ・ゲットー内のカフェでよく話をした間柄で、シュピルマンはコルチャックのことを「これまで私が出会った最高に立派な人物」と記している。コルチャックとイエジ・ストシャウコフスキがお互いに面識があるという記録はないが、ともにワルシャワで孤児院を経営していたので、もしかしたら知り合っていたのかもしれない。

ワルシャワ・ゲットー蜂起

ワルシャワ・ゲットーから絶滅収容所への移送は一九四二年九月十三日をもって一応終了した。しかしゲットー内にはドイツ人の作業場で働く労働者、病院勤務者、ユダヤ人評議会職員など、なお七万人ほどのユダヤ人が残っていた。彼らはやがてゲットーの撤収が始まれば自分たちも絶滅収容所送りは免れないことを自覚しており、蜂起軍を結成してサボタージュやドイツ軍、警察関係者に対する暗殺など、ゲットー内での抵抗運動を激化させた。そのためナチスはリボフ（ウクライナ西部の都市）にいたナチス親衛隊のユルゲン・シュトロープ（将軍）をワルシャワに呼び寄せ、彼の指揮で一九四三年四月十九日早朝、親衛隊らがゲットーに突入した。

これに対し、ゲットーの蜂起兵約三〇〇〇人たちは手製の手榴弾や火炎瓶で激しく応戦した。ワルシャワ・ゲットー蜂起である。蜂起兵の中心は若いユダヤ人で、蜂起軍司令官のモルデハイ・アニェレヴィチは二四歳、副司令官のマレク・エデルマンは一七歳だった。

激しい抵抗に遭って蜂起初日は撤退したドイツ軍だが、数日後には蜂起軍の防衛戦を突破した。ゲットーのユダヤ人たちは地下水道（下水道）や地下室に逃げ込んだ。ドイツ軍は蜂起軍の兵士たちが潜んでいそうな家を一軒一軒火炎放射器で焼き払いながらゲットー内部に進み、生存者たちを射殺し、あるいは絶滅収容所送りにした。

そして五月八日、ドイツ軍はミウィ通りにあった蜂起軍司令部の塹壕を取り囲んだ。二時間にわたる激戦の末、ほとんどの蜂起軍兵士は倒れ、司令官のアニェレヴィチをはじめとする蜂起指導者も集団自決した。アニェレヴィチの最後の言葉は「元気でな、友よ。ユダヤ人が完璧に、そして偉大に自衛するのを見ることができた」というものだった。残ったのは孤立したわずかな抵抗拠点だけで、ドイツ軍は容易にこれを鎮圧した。

五月十六日、ドイツ軍を指揮していたユルゲン・シュトロープはトゥウォマツキェ通りのシナゴーグ（ユダヤ教の教会堂）を爆破するよう命じた。このシナゴーグはゲットー住民の心の拠り所であり、その爆破は蜂起の終わりを告げるものだった。ワルシャワ・ゲットーは徹底的に破壊された。シュトロープの報告によると、蜂起で逮捕されたり殺されたりしたユダヤ人の数は五万六〇〇〇人にのぼるという。

こうして、一九四四年の終わり頃までにナチスによってポーランド国内の全ユダヤ人三〇〇万人のうち約九割が殺された。その間、ユダヤ人に対するポーランド人の対応はさまざまだった。なかにはナチスに密告してユダヤ人を売った者もいた。また多くのポーランド人はナチスの反ユダヤ主義プロパガンダに影響され、またユダヤ人を助けた者が死刑になるのを目の当たりにして、次第に無関心を装う者が多くなった。

しかし一方、危険を冒してユダヤ人を助けようとしたポーランド人もいた。ゲットー蜂起の際もポーランドのレジスタンス組織が地下水道から武器や食糧をゲットー内に運び込んで支援、またユダヤ人の脱出を助けたものだ。

元シベリア孤児（ポーランド孤児）のアントニーナ・リーロも積極的にユダヤ人を助けたひとりだ。

彼女は一九一六年生まれで、日本赤十字社による第二回目の救済事業で敦賀から大阪に行き、一九二二年九月六日に「熱田丸」で神戸港を出港、ポーランドに帰国した。当時六歳。帰国後自立して働き、結婚するが、夫と死別。戦後再婚している。三人の子供を育て上げた。

ドイツ占領中のワルシャワで彼女はポーランド系ユダヤ人の男の子を秘かに匿って生命を救い、一九九九年にイスラエル政府から「諸国民の中の正義の人」賞を授与されている。この賞は第二次世界大戦中にユダヤ人を救った外国人に与えられる賞で、日本人では杉原千畝がただひとり受賞している。彼女は「私が日本人に助けられたので、今度は私がユダヤ人を助けてお返しをしただけ」と語っている。

あとで触れるが、アントニーナ・リーロは二〇〇二年七月、ポーランドを訪問した天皇、皇后両陛下と対面している。寿司が大好きだった彼女はその四年後の二〇〇六年七月九日、ワルシャワで死去した。九〇歳だった。

カチンの森

さて、ヒトラーがソ連との戦争を考えていることは前に少し触れた。一九四一年三月、松岡洋右外相がベルリンでヒトラー、リッペントロップ外相と会談した際、ヒトラーもリッペントロップも独ソ開戦については一言も漏らさなかったが、このときすでにヒトラーはソ連を一挙に叩く「バルバロッサ作戦」を準備していた。短期決戦でソ連軍（赤軍）を包囲、東部への撤退を阻止すれば、ソ連は自壊する。そうしたら広大な土地をドイツ人の移住地、資源供給基地として利用できる。ロシア人もまたドイツに隷属すべきである――とヒトラーは考えていたのだ。

ドイツが期限十年の独ソ不可侵条約（一九三九年八月二十三日締結）を反古にしてソ連に宣戦布告、バルバロッサ作戦に三〇〇万人を動員して開戦したのは一九四一年六月二十二日。当初、ドイツ軍は怒濤の如くソ連に攻め入り、一カ月後の七月二十一日には初のモスクワ空襲も行っている。そして九月八日にはレニングラード市を包囲、十七カ月に及ぶレニングラード攻防戦が開始された。

ドイツ軍はさらに翌一九四二年八月二十二日、スターリングラード攻撃を開始、九月十三日には市内に突入した。しかしこのあたりからソ連軍が反攻に転じ、十一月二十三日にはスターリングラードのドイツ軍二五万人を逆に包囲、大攻勢に出る。そして翌一九四三年一月三十一日、飢えと寒さに加え弾薬も尽きてスターリングラードのドイツ軍は降伏した。以降、ソ連軍はルーマニア進攻（一九四四年四月）など東部戦線でもドイツ軍を敗走させ、一九四四年七月二十一日にはブク川を渡河してワルシャワ南方一〇〇キロに近づいた。ブク川はソ連とポーランドにまたがって流れる川で、ワルシャワ付近でビスワ川に合流する。また戦車隊の一部はこの日、ワルシャワから一六キロの所まで迫っていた。ワルシャワ解放は間近だと思われた。

その翌日に誕生したのが「ポーランド国民解放委員会（ＰＫＷＮ）」である。これはソ連に支援された共産主義組織で、自らが解放後のポーランド政府となることを宣言した。つまり、この時点でポーランド国内には統治権を主張する二つの権力機構――ロンドン亡命政府に忠誠を誓う国内軍ＡＫ（アルミヤ・クラヨヴァ）を中心とする非共産主義地下国家とＰＫＷＮ――が存在することになった。これが新たなポーランドの悲劇の始まりとなる。

国内軍ＡＫというのはシコルスキ亡命政府によって一九四二年二月に誕生した軍事組織で、正式にＡＫを名乗る前から活動していた。すでに一九三九年九月にドイツが侵攻して来たときからレジスタンス運動は自然発生的にいくつも生まれており、それらをシコルスキ将軍から地下軍司令官に任命（一九四〇年六月）されたステファン・ロヴェツキ将軍が徐々に連携させてきたのだ。ＡＫには共産主義者が率いるごく少数の「人民軍（ＡＬ）」と極右の国民武装勢力（ＮＳＺ）を除くすべてのレジスタンス・グループが結集していた。

赤軍の接近に、ロンドン亡命政府と国内軍ＡＫは焦燥感を募らせた。このままでは解放後のポーランドはソ連の影響下に置かれてしまいかねないからだ。

ロンドンのシコルスキ亡命政府はヒトラーがソ連に攻め込んだあとソ連と協定を交わし、ソ連との外交関係が復活（一九四一年七月三十日）した。この協定によってドイツとソ連によるポーランド分割は無効とされ、ソ連内のポーランド人捕虜が釈放、またソ連軍にポーランド人部隊が結成されることになった。

しかし、シコルスキ亡命政府とスターリン率いるソ連との関係はぎくしゃくしたものだった。

その最大の原因は一九三九年にソ連の捕虜となった数千人のポーランド人将校の行方が分からなくなっていたことだ。シコルスキは何度もスターリンに問い合わせるが、納得できる説明はなかった。

そして一九四三年四月、ソ連領内スモレンスク州カチンの森で四〇〇〇人のポーランド将校の死体がドイツ軍によって発見された。シコルスキはソ連による残虐行為ではないかと疑い、万国赤十字に調査を依頼したが、スターリンは「犯人はヒトラー一派だ」と断言、四月二十五日、亡命政府との外交関係を断絶した。カチンの森事件がソ連の犯行であることを認めて謝罪したのは、事件から四十七年後（一九九〇年四月）、当時のソ連共産党書記長のゴルバチョフだ。

ワルシャワ蜂起

ソ連との外交断絶後、ポーランドの独立運動はさらに打撃を受ける。一九四三年七月四日、国際的にも評価の高かった亡命政府首相シコルスキがジブラルタル上空で謎の飛行機事故死を遂げたのだ。新首相にはスタニスワフ・ミコワイチクが就いた。

ＰＫＷＮがソ連の支援で結成されたのはこのような状況下で、国内軍ＡＫのブル＝コモロフスキ総司令官は赤軍がワルシャワ市内に入る前にポーランド人による独立行政組織を構築しようと、ドイツ軍に対する蜂起開始を決定した。一九四四年七月三十一日のことである。前々日の七月二十九日にはモスクワ放送が「ポーランド人よ、武器を取れ。行動のときがきた」とポーランド語で檄を飛ばしており、ソ連のワルシャワ入城は目前と考えたのだ。ブル＝コモロフスキは戦闘指令を出したあと、「神よ、ソ連入城前に我々がワルシャワを押さえられますように」と祈ったという。一方、モスクワ放送を聞いた一般の兵士や市民は、数日間戦えば必ず赤軍が助けに来てくれると信じた。

「嵐（ブージャ）」作戦と名付けられたワルシャワの一斉蜂起は、翌八月一日午後五時を期して開始された。国内軍ＡＫ五万人を中心に、ほとんどのワルシャワ市民が蜂起に加わった。

蜂起軍は八月四日までにワルシャワの大半を手中に収めた。しかしドイツ軍の防衛拠点は制圧できず、八月五日以降はドイツ軍が攻勢に出る。ヴォラ地区、オホタ地区では蜂起軍は一掃され、一般市民に対する大量虐殺が行われた。ヴォラ地区だけでも一般市民四万人が亡くなっている。次いでワルシャワの中心地、スタレ・ミャスト（旧市街）がドイツ軍の次の攻撃目標となった。ここには約九〇〇〇人の蜂起軍兵士のほか、ヴォラ地区から撤退して来た部隊もいた。

八月十九日、ドイツ軍によるスタレ・ミャスト掃討作戦が始まった。戦闘は熾烈をきわめた。しかしドイツ軍との兵力差は如何ともし難かった。ワルシャワの国内軍AK兵は約二万五〇〇〇人だったが、八月一日時点で用意できた武器は機関銃三九、サブマシンガン六〇八、ライフル銃二四一〇、ピストル二八一八、対戦車砲二一、臼砲《きゅうほう》四、手榴弾三万六〇〇〇。約三〇〇

○人の兵士分の武器量しかなかった。あとは猟銃やナイフ、モロトフ・カクテル（火炎瓶）ぐらいで、石や棍棒しかない者もいた。

これに対しドイツ軍は国防軍五〇〇〇人、空軍及び対空砲兵隊四〇〇〇人など合計約二万人で、重火器で武装したうえ戦闘機や戦車も持っていた。国内軍ＡＫの劣勢は明らかだった。スタレ・ミャスト地区司令官が地下水道を伝って撤退するよう命じたのは九月一日。同地区ではドイツ軍が負傷者を殺害し、一般市民約五万人をワルシャワ近郊のプルシュクフ収容所に送り込んだ。

ワルシャワを解放するはずのソ連軍は来なかった。ビスワ川の対岸まで進軍して来たものの、ワルシャワ蜂起が始まるとピタリと停止したのである。しかもスターリンは、蜂起軍に援助物資を届ける英米連合国軍に対してソ連軍基地の使用を認めなかった。九月になって赤軍傘下のポーランド人部隊がビスワ川を渡河しようとしたが、肝心の赤軍は戦闘に参加せず、川を渡ることはできなかった。スターリンは、ポーランドを支配するうえで邪魔になる国内軍ＡＫがドイツによって壊滅させられるのを待っていたのだ。

ソ連に見殺しにされた蜂起軍は、しかしよく持ちこたえた。蜂起軍のラジオ局はショパンの「ハ短調練習曲」（『革命のエチュード』）を流し続け、最後は一二、三歳の子供たちまで銃を取って戦った。だが十月二日、六十三日間の抵抗の末、ついに刀折れ矢尽きて降伏する。兵士一万八〇〇〇人が戦死、市民の死者は一八万人にのぼり、ヒトラーの指示でワルシャワ市街は完全に破壊された。生き残った市民はワルシャワを追われ、ドイツや強制収容所に送られた。一九四四年十月十七日、ロンドン亡命政府のスタニスワフ・ミコワイチク首相はワルシャワからこんな報告を受けている。

〈ドイツ軍は十六歳から六十歳までの男性すべてを捕らえ、第三帝国へと送っています。移送は毎日行われています。ある者は悪名高きアウシュビッツ（オシフェンチム）収容所へ直行です。十月十四日までに一万二千人がワルシャワからアウシュビッツに送られました。彼らを待っているのは死です。十月七日、ドイツ軍はアウシュビッツのポーランド人四人の殺戮に着手しました。固定式のガス室またはトラックに据え付けた移動式ガス室で殺戮は行われました。人々を詰め込んだトラックは、アウシュビッツの北三十マイルのマチュキに送られました。ガス室はそこで作動開始しました。〉（『奪われた祖国ポーランド』スタニスワフ・ミコワイチク著、広瀬佳一・渡辺克義訳、中央公論新社）

ソ連軍がワルシャワを〝解放〟したのは翌一九四五年一月十七日。すべてが瓦礫の下に埋もれたあとだった。

イエジキ部隊の苦戦

ワルシャワ蜂起の特筆すべき点は、小さい子供たちも戦ったことだ。パルチザン部隊の連絡員として戦場を走り回り、地下新聞を配り、さまざまなサボタージュ活動で蜂起に貢献した。銃を取り、火炎ビンで戦車に立ち向かう少年もいた。そんな少年レジスタンス兵の中核となったのがイエジキ部隊だった。

イエジキ部隊は一九四三年三月に国内軍ＡＫの指揮下に入り、前述のようにパルチザン隊員の養成・教育、地下軍事訓練、武器の調達・保管、抵抗活動のためのアジト作り、地下印刷といった活動を続けていたが、ワルシャワ蜂起が始まると予備軍兵士としてスタレ・ミャスト（旧市街）やジョリボシュ地区での戦闘に参加した。ジョリボシュ地区というのはスタレ・ミャストの北側の地区で、ここでは最後の最後までドイツ軍との死闘が繰り返された。降伏するのは九月三十日である。

いまでも語り継がれているイエジキ部隊の最大の貢献は、ワルシャワ北東、ビスワ川南岸に沿って広がるカンピノスの森に、連合軍が投下した武器・弾薬などの支援物資を取りに行くという任務。カンピノスの森は東西約四〇キロ、南北約一八キロの広大な広葉樹林の森で、国内軍ＡＫ部隊などが集結していた。森のなかではドイツ軍の戦車や装甲車が自由に動けないので、レジスタンス活動の拠点の一つになっていたのだ。

しかしドイツ軍が包囲するなか、そこまでたどり着いて武器・弾薬を受け取り、再び市の中心部にまで戻るのは、ほぼ不可能といってよかった。

そこでイエジの考えたのが地下水道を通って敵の背後に出て、そこからカンピノスの森に行こうという作戦だ。前掲書『ワルシャワ蜂起』によると、地下水道の総延長は約三五七キロメートル。このうち数十キロが前年のゲットー蜂起でドイツ軍に破壊されていた。幹線下水道では高さが一・五メートルから二メートルあったが、脇本道の支線下水道ではそれが一メートルから一・五メートルになり、さらに末端部になると〇・八メートルと低くなって這って進むほかなかった。また迷路のように入り組んでおり、蜂起軍兵士が移動する際には市の下水道管理担当職員の先導が必要だった。以下、『ワルシャワ蜂起』の助けを借りてイエジの動きを追ってみる。

国内軍AKのブル＝コモロフスキ総司令官の許可を取り、イエジがこの作戦を実行に移したのは八月二十一日。まず地下水道でジョリボシュ地区に行き、そこから徒歩でカンピノスの森に向かうつもりだった。司令官のイエジ、忠実な副官である当時一八歳のエウゲニユーシュ・リバウコをはじめ、イエジキ部隊の一〇五人がこの作戦に従事した。リバウコは浮浪児同然の姿でワルシャワ市内をうろついていたときイエジと知り合い、孤児院に入れてもらった経歴を持つ。

地下水道を通るこの作戦の人数は、結局六〇〇人にふくれあがった。他のパルチザン部隊や付近住民も同行を希望したからだ。住民たちはイエジキ部隊がいない間にドイツ軍が攻め込んで来ることを恐れていた。

一行は市の水道局職員を先頭に地下水道に入った。内部には地下水道を移動した際にパルチザンなどが落としていった物が散乱し、また前年のゲットー蜂起で地下水道に逃げ込んで死んだユダヤ人たちの死体があちこちにあった。死臭は耐え難かった。地下水道はぬるぬると滑りやすく、歩くのは困難で、最初の二キロを八時間かけて進んだ。全員ドブネズミのようになってようやくジョリボシュの国内軍AKキャンプに着いたのは翌日の夕方だった。アンジェイ・ワイダ監督の映画『地下水道』（一九五七年。イエジィ・ステファン・スタヴィンスキ原作）そのままだ。

カンピノスの森へ

ジョリボシュで一息ついたイエジキ部隊一〇五人は他の部隊と合流してカンピノスの森に無事に到着、武器・弾薬を受け取った。そのなかには接近戦用の対戦車砲、カービン銃、プラスチック爆弾、弾薬一二トンなどがあった。イエジはカンピノスの森で部隊を八〇〇人に編制し直してワルシャワに引き返すことにした。

部隊が出発したのは八月二十六日の夜。

夜間行進は初めこそ順調だったが、ワルシャワに近づき、森が少し途切れた地点でドイツ軍が待ち伏せしていた。イエジは直ちに総員退却を命じ、カンピノスの森のポチエハという所まで後退、ここで一五歳以下の子供と妻子持ちの兵士を森の奥に避難させ、残る三〇〇人で決死隊を編制した。

ドイツ軍の猛烈な攻撃に対し、イエジキ部隊は森を利用したゲリラ戦法で応戦した。ポチエハでの激戦は八月二十八日から九月二日まで続き、イエジキ部隊はようやくドイツ軍を撃退した。しかし損害も大きく、二五人の戦死者と八〇人の負傷者が出た。戦死者のなかには七人の少年兵がいた。一一歳から一四歳の少年たちで、イエジは彼らを森の奥に避難させたのだが、戦闘二日目の三十日、どうしても戦いたいと戻って来たのだ。そして同日、戦闘中にドイツ軍の砲弾が直撃し、全員即死した。ポーランドが解放されるまでに、イエジキ部隊は結局六〇〇人を超える犠牲者を出した。

イエジキ部隊はドイツ軍の猛攻に耐え、撃退したものの、これが限度だった。カンピノスの森に釘付けにされ、武器・弾薬をワルシャワに届けることはもはや不可能だった。

その後もイエジたちはカンピノスの森に潜んでいたが、ワルシャワ蜂起が失敗に終わるとドイツ軍に包囲されたため、散り散りになって脱出することにした。

イエジは副官のリバウコたちと別れ、単身で西に向かって移動中にドイツ軍に遭遇、頭を撃たれて意識を失い、捕虜になった。その場で射殺されなかったのは将校の肩章を着けていたからだ。イエジは軍用車でドイツ軍司令部に連れて行かれ、直ちに開かれた軍事裁判で死刑が宣告された。しかしここでも処刑されず、翌朝ゲシュタポ本部に連行されることになった。イエジは軍用車の助手席に座らされ、後部座席には二人のドイツ軍将校が座った。

このままでは拷問のうえで銃殺されると考えたイエジは、軍用車がブウォニという村の広場に停まった瞬間、運を天にまかせて車から飛び降り、走り出した。二〇メートル先に大きな農家の中庭があり、夢中で飛び込んだ。そこでは数人のハンガリー兵が炊事の準備をしていたが、イエジを捕まえようとはしなかった。追って来たドイツ軍の将校も、同盟関係にあるハンガリーの兵士たちがいたので、発砲できなかった。

庭を突っ切ったイエジは農家の裏にあるジャガイモ畑に倒れ込んだ。農家の主人が大きな籠をイエジに投げてよこし、身振りでジャガイモ掘りの真似をしろと合図した。横では農家の者が畑仕事をしていた。イモを掘るイエジのすぐ脇をドイツ兵が走って行った。イエジはこうして九死に一生を得た。副官のリバウコもなんとかカンピノスの森から脱出し、以後もレジスタンス活動を続けた。

終戦後もイエジは死刑を宣告されている。

ソ連軍の「ＡＫ（国内軍）残党狩り」に身の危険を感じたイエジはリバウコとバルト海近くの町で逃亡生活を送っていたが、秘密警察に所在を突き止められ、逮捕・拘留された。法廷では国家反逆罪の廉《かど》で死刑が宣告された。しかし刑は執行されず、イエジは三カ月後に釈放される。戦前イエジと親交のあった人物が秘密警察の幹部になっており、彼の助命運動で救われたことがのちになってわかった。まさに波瀾万丈の半生だった。

第九章　残照

『灰とダイヤモンド』

ドイツ軍が撤退した後のポーランドで新しい主人になったのは、ソ連に支援された「ポーランド国民解放委員会（ＰＫＷＮ）」だった。ＰＫＷＮは一九四四年十二月三十一日、自身が「ポーランド共和国臨時政府」（ルブリン政府）となったことを宣言、翌一九四五年一月、ソ連から正式に認められた。赤軍がワルシャワを占領するのは前述のとおり一九四五年一月十七日だが、これを見て国内軍ＡＫは解散した。ポーランドがソ連によって解放された瞬間から国内軍ＡＫは「反革命分子」とされ、ＰＫＷＮの治安部隊とＮＫＶＤ（ソ連内務人民委員部）が厳しい捜索を開始、行き場を失ったＡＫの残党は地方の森などに潜んでソ連軍や臨時政府に対してテロ闘争を続けることになる。イエジ・ストシャウコフスキやエウゲニューシュ・リバウコもそのひとりだ。

アンジェイ・ワイダ監督の『灰とダイヤモンド』は、まさにこうした戦後ポーランドの置かれた悲劇的状況を活写した映画だ。

物語は一九四五年の五月八日から九日早朝にかけ、解放された直後の地方都市で展開する。国内軍ＡＫの生き残りである主人公のマチェックが、新しい共産党の幹部になる予定の党書記シチュウカを暗殺、自らもゴミ捨て場で死ぬまでの十数時間が描かれる。

五月八日は、連合国軍に無条件降伏（前日の七日）したドイツがベルリンで降伏文書に署名する日。この町のホテル宴会場では解放祝いの宴会が催され、また隣室のレストランでは別の酒宴も始まる。そのレストランの奥にあるのがホテルのバーで、ここにはマチェックと上司のアンジェイがいた。マチェックはバーのウェイトレス、クリスティナに惹かれる。やがてレストランでは若い女性歌手が背筋を伸ばして歌を独唱し始めた。歌は「モンテカシノの紅い芥子《けし》」。

モンテカシノはイタリアのローマ南東にある標高五一九メートルの小山。ここには古くから修道院があり、第二次大戦時、ドイツ軍は廃墟となっていたこの修道院を要塞化し、ローマを防衛していた。連合軍は何とかこの要塞を攻略しようと攻撃を繰り返すが、そのたびにドイツ軍に撥ね返された。戦闘開始から四カ月目の一九四四年五月十九日、アンデルス将軍に率いられたポーランド人部隊が多大な犠牲を払ってついに占領、ローマは解放された。

バトル・オブ・ブリテン同様、ここでも亡命ポーランド人部隊がドイツと死闘を繰り広げた。先にユダヤ人を助けてイスラエル政府から「諸国民の中の正義の人」章を授与された元ポーランド孤児、アントニーナ・リーロのことを紹介したが、彼女の恋人はこのモンテカシノの戦いで戦死している。その戦闘の様子を歌ったのがこの「モンテカシノの紅い芥子」で、作詞は後方から激闘を目撃した詩人のフェリックス・コナルスキ。なお、連合軍五万人が死んだこの激しい攻防戦ではアメリカの日系人部隊（第一〇〇歩兵部隊）も多くの犠牲者を出しながら果敢に戦い、世界から賞賛された。

哀調を帯びた「モンテカシノの紅い芥子」の歌を聴きながら、マチェックは思いついたように並んだグラスの中の酒に次々と火をつける。この映画のもっとも有名なシーンである。それを見て上司のアンジェイが低い声で死んだ仲間の名前をつぶやく。ハネチカ、ヴィルガ、コソブツキ、赤毛、チビ。

その夜、マチェックはクリスティナと思いがけぬ情事の時間を持つ。二人は夜中近くになってホテルの外に出、雨宿りのため崩れかけた古い教会に入る。その教会の壁に刻まれていたのがノルヴィットの詩で、『灰とダイヤモンド』という小説及び映画の題名になっているのは前述のとおり。

クリスティナを知ったマチェックは「生き方を変えたい。これからは普通に生きたい」と痛切に望むが、任務はやり遂げなければならない。明け方近く、マチェックはとうとうシチュウカを拳銃で殺す。殺されたシチュウカが、殺したマチェックの胸の中に倒れかかる。二人は束の間抱き合う形になる。象徴的な場面だ。

この映画でもうひとつ興味深かったのがスミレの花。小さなスミレの花束を手にしてマチェックとクリスティナが会話するシーンは何度も出てくる。二人が別れる場面では、マチェックはクリスティナからこのスミレの花束を手渡されている。翌朝マチェックが死んだとき、彼の鞄のなかにはスミレの花が入っていた（少なくとも原作ではそうなっている）。マチェックにとって、この可憐な花はきわめて大切なものだった。スミレ（パンジー）がポーランドの国花だということを考えると、これまた象徴的である。

やっと訪れたポーランドの夜明けとともに死んで行かなければならなかった人たちの悲劇を、アンジェイ・ワイダは見事に描ききった。『灰とダイヤモンド』はポーランド映画史上の金字塔的作品といっていいだろう。

イエジ、六十一年ぶりに日本へ

イエジ・ストシャウコフスキはその後共産党政権下でひっそり暮らしていたが、スターリンの死後（一九五三年死去）以降は徐々に雪解けが進み、一九七九年になってやっと公式に復権、退役大佐の称号を与えられた。イエジキ部隊がドイツ軍と戦ったカンピノスの森には記念碑が建てられ、以後毎年九月の第一日曜日には記念式典も行われるようになった。

そして復権から四年後の一九八三（昭和五十八）年十月二十七日、七二歳になったイエジは六十一年ぶりに日本を訪れた。かつての副官、エウゲニューシュ・リバウコ（このとき五七歳）

が付き添って来た。

イエジはまず東京の日本赤十字社本社を訪ね、出迎えた人たちを前にこう述べた。

「かつてのシベリア孤児として六十一年ぶりに皆様とお会いできてうれしく思います。わたしの仲間たちも、ここで同じような感謝の気持ちを述べたかったに違いありません。わたしは今回、かつての仲間たちを代表してお礼の言葉を述べさせていただきます」

61年ぶりに来日したイエジ・ストシャウコフスキ（左）

二人は一週間後の十一月四日午前十一時、日本赤十字社大阪支部を訪ねた。そこには思いがけず元ポーランド駐在武官だった上田昌雄夫妻が待っていた。
上田は一八九七（明治三十）年生まれ。陸軍士官学校、陸軍大学校を卒業後陸軍参謀本部などに勤務、一九三八（昭和十三）年三月から一九四〇年三月まで駐ポーランド大使館付武官としてワルシャワに勤務していた。国交断絶前の最後の駐ポーランド大使館付武官で、情報将校としてイエジやイエジの組織した極東青年会との関係が深く、終戦時は少将。太平洋戦争末期、学童疎開を企画立案したことでも知られる。

上田はイエジが来日したこと、日赤大阪支部を訪問する予定であることを聞き、郷里の徳島からこの日の朝来阪した。上田はこのとき八六歳。二人は手を握り合い、黙って涙を流した。イエジはこのあと日赤大阪支部の桝居《ますい》局長に、大きな包みを開けて額に入った一枚の絵を手渡した。十七世紀の美しいワルシャワの景観を描いたもので、イエジはその場で裏に「一九二〇年〜二二年、貴社の献身的援助により救助された、在シベリア・ポーランド子弟を代表して感謝の意を表します。元極東青年会会長　イエジ・ストシャウコフスキ」と書き入れた。その後近くのホテルで昼食となり、イエジは上田夫妻や桝居局長、支部職員らと和やかに語り合った。

上田昌雄とはワルシャワでの懐旧談に花が咲き、やがてイエジが「もしもし亀よ……」と「うさぎとかめ」を歌い出し、続いて上田は「ポーランド懐古」を歌った。

食事が済むと、かつてポーランド孤児たちが収容された大阪市立公民病院看護婦寄宿舎跡を訪ねた。いまは大阪市大付属病院になっている。病院からは西村周郎院長、清田好子総婦長らが出迎えた。清田総婦長はイエジたちが去った後、この看護婦寄宿舎に住んでいたのだという。

念願の日本訪問を果たし、大阪のほか京都、奈良なども見学してイエジとリバウコが帰国したのは十一月八日。帰国前日の七日、イエジは日赤本社が催した関係者との座談会で、「今回来日して感じたことを一言でいうのは非常に難しいのですが、とにかく六十一年間という長い間、帰ってきたいと思い続けてきた私の第二の祖国に帰ってきたのだという感慨を強く持ちました」と語っている。

イエジは八年後、一九九一年五月四日に八〇歳で死去、ワルシャワ市内の軍人墓地に眠って

七十五年前の恩返し

一九九五年一月十七日に起きたマグニチュード七・二の阪神淡路大震災では、兵庫、大阪、京都の一県二府が被災し、死者六三〇〇人、負傷者四万三〇〇〇人という大きな被害を出した。

このとき、被災地の惨状を見て居ても立ってもいられなくなり、「何か役に立ちたい」と行動を起こしたのが駐日本ポーランド大使館のスタニスワフ・フィリペック商務参事官（当時）。「神戸では多くの子供たちも被災した。これらの被災児童をポーランドに招いて慰めることはできないだろうか」と考え、ポーランドのニエポウォミツェ、ミシュレニチェという二つの町の町長に電話した。この二つの町はポーランドの古都クラクフの近くにある美しい町で、ニエポウォミツェは北海道の士幌《しほろ》町と、またミシュレニチェは福井県の名田庄村《なたしょうむら》（現在はおおい町）と友好都市の関係にあった。

実はこれら両国の町が友好都市になったのもフィリペック商務参事官の働きかけによるもので、ニェポウォミツェの市長が士幌町に招かれたり、名田庄村の獅子舞のグループがミシュレ

ニチェを訪れたりと、交流を重ねていた。

二つの町の町長はすぐさま協力を約束した。被災孤児たちの滞在費負担を即答してくれたのだ。問題は日本とポーランド間の往復の渡航費だったが、ポーランド大使館のスタッフ全員が奔走した結果、ポーランド航空が航空券を無料で提供してくれることになった。直行便がなかったため、ヨーロッパの中継都市までの運賃が必要だったが、これにも多くのポーランドの企業や個人が援助してくれた。日本でも神戸と京都のロータリークラブが募金活動に当たり、またポーランドの世界的ピアニスト、ギェルジョド氏のショパン・コンサートが大阪で開かれるなど、慈善コンサートでも寄付を募った。

こうして地震があった年の夏休みには「森と湖の国ポーランド三週間の旅」が実現、小学校四年生から中学校三年生までの被災児童三〇人がポーランドへ旅立った。ニェポウォミツェ、ミシュレニチェだけでなく、クラクフ市、プオツク市など他の五つの市町村も日本からの被災児童を歓迎してくれた。プオツク市はすでに富山県の高岡市と文化交流があった。これまたフィリペック商務参事官の橋渡しによるものだ。プオツクではジェチ・プオツカ少年少女舞踊合唱団の歌と踊りを見学した。翌一九九六年の夏休みには二回目の招待があり、やはり三〇人の被災児童たちがポーランドで夏休みを過ごした。ポーランド大使だった兵藤長雄氏は当時の様子をこう書いている。

〈被災児たちの世話をしたポーランドのご婦人の一人が、「今度お世話に参加して本当によかった」と言ってこんな話をしてくれた。被災児たちの面倒をみているうちに、一人の男の子が小さなリュックサックをいつも肩に背負ったままで、一時も手離さないのを見て、預かってあげようと言ったのに、どうしても応じようとしない。言葉が通じないので不安なのだろうか、と思っていた。しかし、後から日本人の引率者に聞いたところ、この子は阪神大震災で一瞬のうちに両親、兄弟を亡くし、家も丸焼けになってしまった。彼のリュックサックの中には、焼け跡から見つけた家族の形見や焼け残りの遺品が入っている。だから、この子は、未だに一時たりともこれを手離したがらないのだと知った。この時はこの子が不憫で涙がとまらなかった。それ以来、ポーランドの子供にもよくこの話をしている。この子が幸福になるように祈りも捧げている――と話していた。〉（『善意の架け橋』兵藤長雄著、文藝春秋）

二回目に招待された被災児童たちは、ワルシャワのポーランド科学アカデミーで開かれた「お別れパーティー」で、四人の元ポーランド孤児（シベリア孤児）たちと対面している。出席したのはヘンリク・サドフスキ、アントニーナ・リーロ、イノツェンティ・プロタリンスキ、それにベロニカ・ブコビンスカの四人だ。いずれも高齢だったが、日本の被災児童に会うためパーティーに参加、七十五年前、日本に助けられたことを児童たちに話した。ベロニカ・ブコビンスカは、日本でもらって宝物のように大事にしていた桐の小箱とポーランド特産の琥珀の首飾りを、当時の彼女と同じ一二歳だという女の子にプレゼント、「日本の方に恩返しができるなんて、こんなにうれしいことはない」と語った。

パーティーの最後には四人の元孤児からバラの花が一輪ずつ被災児童に手渡され、招待された人々から大きな拍手が沸き起こった。

託された孤児たちのメッセージ

この会場となったポーランド科学アカデミーは、前年一九九五年十二月に大使館を退職、ポーランドに戻ったスタニスワフ・フィリペック氏の勤務先である。

彼はもともと職業外交官ではない。ポーランド科学アカデミー物理学研究所の教授で、物理学博士（金属学）だった。ワルシャワ大学で日本語を学び、東京工業大学に留学した経験もある。

そんな彼にポーランド政府から「ポーランド大使として日本に行ってほしい」と打診があったのは一九九一年。日本に行くか、それともポーランド科学アカデミーに残ってこのまま研究を続けるか迷ったが、最終的に彼は日本に行く決断をした。ただし大使ではなく、一外交官としてポーランドと日本の友好のために働いてみようと決心したのだ。

フィリペック氏は一九四〇年生まれ。父親は地下で対独レジスタンス活動に従事していたが、一九四三年、フィリペック氏が三歳のときゲシュタポに逮捕され、マイダネク強制収容所で死んだ。同強制収容所はポーランドのルブリン郊外に作られたアウシュビッツに次ぐ規模の強制収容所で、ここでは三六万人ものポーランド人が殺されたとされる。

戦後、母親が再婚することになり、フィリペック氏と二人の兄弟は祖母に育てられることになる。その祖母はことあるごとに小さなヤポンスカ（日本）がロシアを打ち負かしたこと、シベリアにいたポーランドの孤児たちを救出してポーランドまで送り届けたことをフィリペック氏ら三人の孫たちに聞かせた。祖母は元孤児だったのだ。その忘れられない記憶が日本行きを決断した大きな理由だったという。

フィリペック氏は一九九九年（平成十一）年七月、ポーランドでもっとも古い伝統を誇る「ジェチ・プオツカ少年少女舞踊合唱団」の団長として再来日した。「ジェチ」は子供たちという意味で、プオツク市の子供たちによって構成される歌と踊りの団体。阪神淡路大震災の被災児童がポーランドに招かれたときにも見学している。団員は総勢一二〇人で、そのうち二〇人が日本公演に参加した。

一行は元ポーランド孤児、ヘンリク・サドフスキとアントニーナ・リーロからメッセージを託され日本に来た。メッセージの内容を紹介しておく。

〈私たちは、小さい頃、二カ月余りを日本で過ごさせていただいただけですが、日本はまさに私たちの第二の祖国なのです。二十世紀の初め（約八十年ほど前）、私を含むほとんど千人近くが皆一緒に日本政府によって救われたのです。……私たちシベリアの孤児たち全員は、いつも日本の恩人の方々を心に浮かべてはその方々のためお祈りしております。

一九九六年にスタニスワフ・フィリペック氏が阪神大震災の犠牲者・神戸の子供たちと私たちが会い、交流できる機会を作って下さった、あの時のことがとても印象的です。私たちはこの子供たちと、とても温かい心の交わりを感じ、日本の人々が私たち孤児によくして下さったように、今度は日本の子供たちにご恩返しをしたいと強く思いました。

私たちはもう大変年を取り、弱りましたから自分で日本に行くことができません。それでジェチ・ポーツカが私たちシベリアの孤児に代わって日本を訪問させていただくことが私たちの夢です。

ジェチ・プオツカの来日

彼らは日本の恩人の皆様方のお子さま方、またはお孫さま方に私たちの筆舌に尽くし難い、日本への好感情、温かい心、また感謝に満ちあふれた思い出を運んで行ってくれることと、心より信じています。

日本の皆さま、ありがとう！〉

ジェチ・プオツカの公演は東京、高岡（富山県）、広島、神戸などで行われ、いずれも多くの観客を集めた。一行は各地で日本の子供たちと交流、高岡では花火見物も楽しんでいる。また広島では原爆慰霊碑で祈りを捧げた。最後の神戸の公演には、三年前にポーランドに招かれた神戸の子供たちがジェチ・プオツカの友達やフィリペック氏に会うために駆けつけている。

フィリペック氏は二〇〇九（平成二十一）年八月六日、「敦賀ムゼウム」を訪れている。いうまでもなく八月六日は広島に原爆が投下された日で、平和を願うフィリペック氏の心情がうかがえる。

両陛下との対面

二〇〇一（平成十三）年、国営ポーランドテレビでドキュメンタリー映画『Syberyjskie Sny（シベリアの夢）』が放映された。Ewa Misiewicz（エヴァ・ミシエヴィチ）監督による五十二分間の番組で、ポーランドのシベリア孤児、日本でいうポーランド孤児の物語だ。これによって孤児たちのことは全ポーランドに知られるようになった。そして翌二〇〇二年、元孤児たちは天皇・皇后両陛下と対面することになる。

両陛下は二〇〇二年七月九日にポーランドを公式訪問、同日夜はクワシニエフ大統領夫妻主催の晩餐会に出席した。大統領は日本赤十字社のポーランド孤児救済事業について触れ、「両陛下と日本国民に対し、ポーランドの少年や少女たちに当時差し向けられた温かい支援と、その人道的なご配慮に対し、改めて心より感謝したい」と述べた。そのあとスピーチに立った天皇陛下は、自由と独立を目指し多くの犠牲を払って今日を築いたポーランドの歩みを振り返った。そのうえでコルベ神父やゼノ修道士の名を挙げ、こう続けた。

〈コルベ神父や、当時の筆舌に尽くしがたい苦難の中で命を失った数知れない人々に思いを致す時、あのような悲劇が、人類によって、二度と再び引き起こされてはならないとの切なる思いを新たにいたします。〉

両陛下は七月十一日、古都クラクフにある日本美術・技術センター（のち日本美術・技術博物館に改称）を訪れた。同センターはアンジェイ・ワイダ監督の尽力で建設された施設で、ポーランド人のフェリクス・ヤシェンスキが蒐集した浮世絵などが展示されている。両陛下はワイダ監督とクリスティーナ夫人の出迎えを受け、美術品を鑑賞したのち夫妻と懇談した。

元孤児たちと両陛下の対面が実現したのは翌日の七月十二日。在ワルシャワ日本大使館公邸で開かれたパーティーに招かれた元孤児はハリーナ・ノヴィツカ（九二歳＝当時）、ヴァツワフ・ダニレヴィチ（同九一歳）、それにアントニーナ・リーロ（同八六歳）の三人だ。

最年長のハリーナ・ノヴィツカ（旧姓クリウフ）はロシア革命時に父親をボリシェビキに殺され、母と弟との三人でウラジオストクに逃げて来た。日赤の第一回救済事業で弟とともに東京に行き、アメリカ経由でポーランドに帰国した。東京では貞明皇后に謁見《えっけん》している。一緒に帰った弟は「クリウフ」というロシア名のためにいじめられ、兵役中に自殺。彼女はパーティー後、「両陛下にお会いできた感激で胸がいっぱいです」と報道陣に話している。

ヴァツワフ・ダニレヴィチはシベリアで両親と別れて第二回救済事業で姉、弟（二人）とともに大阪の宿舎に収容され、熱田丸でロンドンに到着、そのあと英国船で帰国した。のちワルシャワ大学で獣医学を学び、民間の獣医として活躍、地下抵抗運動にも積極的に従事した。シベリアに残った父親はボリシェビキに殺され、母親とも再会できなかった。ダニレヴィチは「お元気でしたか」と声をかけた皇后陛下（日赤の名誉総裁）の手を両手で握って離さなかった。

前にも紹介したアントニーナ・リーロは、天皇陛下に「日本での滞在はハートフルでした」と語った。

三人は最後に「もしもし亀よ……」と「うさぎとかめ」の歌を披露した。

二〇〇六年七月にアントニーナ・リーロが九〇歳で亡くなり、日本の新聞は「最後の『シベリア孤児』死去」と報じたが、実はまだひとり、マリア・オルトフェノヴァという女性がワルシャワで健在だ。日本赤十字社の第二回目の救済事業で敦賀から大阪に送られ、神戸から船で帰国した。現在九七歳。田邊隆一・駐ポーランド大使が二〇〇八（平成二十）年に面会したとき、「日本の人が優しくひざのうえにのせてくれたことや看護婦さんによくしてもらったことを覚えている」と語っている。やはり「もしもし亀よ」と懐かしそうに口ずさみ、大使がポーランドには現在一三〇〇人の日本人がいることを伝えると、大きな声で「バンザイ」と叫んだという（『日本経済新聞』二〇〇九年六月十八日）。

孤児たちの救済をきっかけに、日本とポーランドは強い絆で結ばれるようになった。最後に、二〇一一（平成二十三）年三月十一日に起きた東日本大震災に際してアンジェイ・ワイダ監督が日本に送ったメッセージについて紹介しておく。これは主に地方紙に載った記事（共同通信配信）なので、読んでいない人も多いはずだ。

〈日本の友人たちへ。

このたびの苦難の時に当たり、心の底からご同情申し上げます。深く悲しみをともにすると同時に、称賛の思いも強くしています。恐るべき災害に皆さんが立ち向かう姿をみると、常に日本人に対して抱き続けてきた尊敬の念を新たにします。その姿は、世界中が見習うべき模範です。

ポーランドのテレビに映し出される大地震と津波の恐るべき映像。美しい国に途方もない災いが降りかかっています。それを見て、問わずにはいられません。「大自然が与えるこのような残酷非道に対し、人はどう応えたらいいのか」

私はこう答えるのみです。「こうした経験を積み重ねて、日本人は強くなった。理解を超えた自然の力は、民族の運命であり、民族の生活の一部だという事実を、何世紀にもわたり日本人は受け入れてきた。今度のような悲劇や苦難を乗り越えて日本民族は生き続け、国を再建していくでしょう」

（中略）日本の皆さんへ。

私はあなたたちに思いをはせています。この悪夢が早く終わって、繰り返されないよう、心から願っています。この苦難の時を、力強く、決意をもって乗り越えられんことを。

ワルシャワより

アンジェイ・ワイダ〉（『信濃毎日新聞』二〇一一年三月二十一日付）

ワイダ監督は日本文化のもっともよき理解者の一人である。前にも少し触れたが、一九九四（平成六）年十一月クラクフ市に誕生した「日本美術・技術博物館」はヨーロッパ屈指の浮世絵コレクション（葛飾北斎など約四千六百点）で知られ、また日本語講座や茶道教室などさまざまな日本文化の紹介にも取り組んでいる。この博物館建設に心血を注いだのがワイダ監督だ。

それだけに東日本大震災に対する同氏のメッセージは心に沁《し》み、同時に日本とポーランドがいかに強い友情で結ばれているかをあらためて教えてくれる。

両国交流の原点となったポーランド孤児救済の物語を、この際われわれはもう一度振り返ってみることが必要なのではないだろうか。

第十章　それから

シベリア孤児記念小学校

第一次の孤児救出からすでに百一年が経った。第二次から数えても来年（二〇二二年）で満百年である。存命する孤児はもはや一人もいない。

だがポーランド孤児（シベリア孤児）の物語はいまなお日本とポーランド両国民の間で語られ続けている。その具体例のひとつがポーランド・シベリア孤児記念小学校の開校だろう。

同校はポーランドの首都・ワルシャワから南へ約三十キロのスタラ・ヴィエシ（ツェレスティヌフ郡）という町にある公立小学校。一九六五年開校という歴史ある学校だ。

その小学校が「シベリア孤児記念小学校」と校名を変え、カリキュラムを一新して新たに開校したのは二〇一八年十一月のことである。

きっかけは一九九五（平成七）年の阪神淡路大震災。前章（第九章）でも触れたように、当時駐日ポーランド大使館の商務参事官だったスタニスワフ・フィリペック氏が被災児童たちを慰めようと「森と湖の国ポーランド三週間の旅」を計画、同氏の橋渡しで同年夏及び翌年夏の二回、計六十人の被災児童がポーランドに招かれた。前述のようにフィリペック氏の祖母がシベリア孤児（ポーランド孤児）で、「いつか日本に恩返しがしたい」と口癖のように言っており、フィリペック氏は今こそその時だと考えたことから実現した。その際、神戸の被災児童たちが数日間滞在したのがこの小学校だった。

その後、校名に「シベリア孤児」をつけようという話が持ち上がった。当初は校名に「シベリア」という名前が付くことへの反対意見もあったが、フィリペック氏らが「この学校をポーランドと日本の絆の拠点にしたい」と教師や父兄、ツェレスティヌフ郡当局を説得、その熱意が実って二〇一八年十一月二十日、ついに当局の承認を得て開校にこぎつけた。

同校の校門にはポーランド国旗と日章旗が掲げられ、校庭には桜が植えられている。さらに校章には日章旗があしらわれている。同校には傘下の保育園児を含め約四百人の子供が在籍しており、シベリア孤児の末裔だけではなく近隣地域からの入学者も多い。日本語の授業は小学校一年生からあり、同時に日本の歴史や文化も学ぶ。授業では空手も教えているし、また音楽の授業では「君が代」や唱歌「さくらさくら」も習っている。自国のことを教える愛国教育とともに日々「親日教育」も行われているのだ。

開校翌年の二〇一九年十一月、日本・ポーランド国交樹立百周年、開校一周年を記念して開かれた学園祭ではエルジェヴェタ・オスフ校長が生徒たちを前にこんなスピーチをした。

彼女はまずポーランドと日本が一九一九年に国交を樹立したこと、その翌年の一九二〇年及び一九二二年の二次に亘って極寒のシベリアにいた八百人近いポーランドの子供たちを日本が救出したことを述べ、さらにこう続けた。

「私たちはこの歴史を語り、さらに深く知ることで、日本がいかに子供たちを助けて祖国に戻してくれたのかを考え続けていく必要があります。日本に助けられた子供たちは帰国後ヴェイヘローヴォ孤児院に収容されましたが、大変な苦労をしました。祖国が百二十三年ぶりに独立を果たした直後だったからです。孤児たちは努力を重ね、祖国のために力を尽くしました。その中には後に極東青年会を立ち上げたイエジ・ストシャウコフスキもいました。第二次大戦中、イエジを中心に多くの孤児たちが特別蜂起部隊イエジキを結成、祖国の自由と独立を守るためワルシャワ陥落前から第二次世界大戦を戦いました。

この歴史は孤児たちの歴史ではありますが、同時にポーランドと日本の、子供たちを助けた両国の歴史でもあります。孤児たちは日本への感謝を表しながらそれぞれの命を全うしました。私たちは、シベリア孤児の名前を冠したポーランド唯一のこの学校でその物語を語り継いで行けることに感謝しています。

そしてここにいる君たち。

孤児たちの生き方をしっかりと自分たちの目で見て学び、そして感じて、これからの人生の糧《かて》として生きてください」

極東青年会やイエジキ部隊については前述（第七章、第八章）した通りだ。なお学園祭の模様はYouTubeでも見ることができる。

福田会とポーランドとの絆が復活

次に福田会《ふくでん》のことについて触れておきたい。

第四章で述べたように、福田会は一九二〇（大正九）年、第一回の孤児救済事業で三百七十五人の孤児を受け入れた施設。当時は福田会育児院という名称で、現在も同じ場所で児童養護施設・福祉型障害児入所施設・高齢者施設などを運営（社会福祉法人・福田会）している。

その福田会に孤児たちが滞在中、チフスが蔓延し、看護に当たっていた日赤（日本赤十字社）病院の松沢フミという看護婦がチフスに罹患して殉職したことは既述の通りだが、少し補足しておく。

松沢フミは新潟県出身で、日赤神奈川県支部の所属だった。大勢の孤児たちが福田会に来たため看護婦の手が足りず、応援のためフミも福田会に隣接する広尾の日赤病院で孤児たちを看護した。

フミたち看護婦の指揮に当たっていたのは萩原タケ（一八七三〜一九三六）。

タケは当時、日本赤十字社病院看護婦監督を務めていた。日赤看護婦のトップである。歴代監督は例外なく士族の子女だったが、タケは五日市村（現在の東京都あきる野市）の藁《わら》屋の娘で、平民出身としては初めての監督だった。それだけ優秀だったわけだ。

またタケは一九一九（大正八）年六月、敦賀経由でシベリアに渡っている。日本軍のシベリア出兵に伴い、東部シベリアの救護活動の視察を命じられたのだ。

それだけにシベリアにおけるポーランド孤児の窮状をよく知っており、全力を挙げて孤児たちを介護するよう部下たちに指示していた。

松沢フミの殉職はタケにとっても無念だった。孤児たちが日本を離れる際はタケも横浜港に駆けつけ、「日本を離れたくない」と泣く孤児たちを一人一人見送った。孤児にとっては母親のような存在だったのだ。

なおこの年（一九二〇年）、タケはナイチンゲールの生誕百周年を記念して創設された第一回フローレンス・ナイチンゲール記章を受賞（他に日本の山本ヤヲ、湯浅梅の二人も同時受賞）している。看護婦としては世界最高の栄誉である。

福田会に話を戻すと、この第一回ポーランド孤児救済以来、同会とポーランドとの縁はすっかり切れていた。二〇一〇年、第一回の孤児救出から九十周年の時点ではポーランド孤児のことはほとんど忘れ去られていたのだ。

それがひょんなことから再びポーランドとの関係が復活する。きっかけは当時の駐日ポーランド大使ヤドヴィガ・ロドヴィッチ＝チェホフスカ氏からの連絡だった。

同氏はワルシャワ大学で日本語・日本文化を学び、その後は東京大学に留学、帰国後再びワルシャワ大学に戻って東洋研究所の准教授となり、博士号も取得した。日本文化、ことに能学に関する造詣が深い。そして一九九三年ポーランド外務省に入省、二〇〇二〜二〇〇六年にかけて公使として駐日ポーランド大使館に勤務した。いったん帰国し、外務省アジア太平洋局上級参事官を経て、今度は特命全権大使として再度日本に赴任したのが二〇〇八年十一月。

二年後の二〇一〇年のある日、彼女が日曜朝の散歩の途中、偶然「福田会」の看板を見つけた。

彼女は以前から福田会と孤児との関係を知っていた。祖国に戻った孤児たちが日本で受けた恩を忘れずに語り継いでいたからだ。また本書の第九章（二五四頁）で紹介したように、二〇〇二（平成十四）年七月十二日、天皇・皇后両陛下（現在の上皇ご夫妻）が在ワルシャワ日本大使館で三人の元孤児と対面した際にも彼女は立ち会っている。

ただ九十年前にシベリア孤児たちを収容した福田会がまだ存在し活動していることは知らなかった。翌日、同会に電話してやはり孤児たちが滞在した福田会であることを確認、以降、その事実は本国ポーランドにも伝わり、交流が始まった。東日本大震災（二〇一一年三月十一日）後の二〇一二（平成二十四）年四月には、被災地を見舞うため夫であるコモロフスキ・ポーランド大統領とともに来日したアンナ・ジュリア・コモロフスカ大統領夫人が福田会を訪れ、同会に「シベリア孤児救済事業完了九十周年」の記念プレートを贈っている。

また二〇一九（令和元）年十月、天皇陛下の即位式臨席のため来日したアガタ・コルンハウゼル・ドゥダ大統領夫人もポーランド孤児救済百周年を記念して同会を公式訪問している。福田会の方でも現在、新型コロナ禍で困っているポーランドの学生やワーキングホリデーで来日した人たちが帰国までの間安心して生活できるよう、特別支援金の給付を行っている。

孤児の子孫が来日

またポーランドでは二〇一三年から毎年六月、首都ワルシャワで「日本祭」が開始されている。ピクニックのような開放的な雰囲気の中で日本の文化を楽しんでもらおうという趣旨で、在ポーランド日本大使館、ポーランド商工会、ポーランド日本人会などの共催で実行委員会を結成、さまざまなイベントの運営に当たっているのだ。広大な公園の一角に屋内・屋外ステージが設けられ、「食事」や「ショッピング」、「カルチャー」などといったゾーンに現地の大勢の人たちが詰めかけている(現在はコロナ禍のため中断)。

人気のあるプログラムは空手、柔道、阿波踊り、よさこい踊り、茶道、将棋、ミス浴衣コンテストなどで、実行委員会のメンバーは日本人とポーランド人の混合。すべてボランティアだ。この日本祭にはシベリア孤児に関する展示などはないが、背景に孤児たちの存在があることはいうまでもない。

そんな日本・ポーランド間の交流の中、孤児たちの子孫が来日、福田会や世界唯一のポーラ

敦賀ムゼウムでのルーカス・グラボウスキ氏
（敦賀ムゼウム提供）

ンド孤児資料館である「人道の港　敦賀ムゼウム」を訪れる人も現れ始めた。敦賀ムゼウムについては第一章で書いた通りだが、二〇二〇（令和二）年に全面リニューアルしており、そのことは後でまた紹介する。

　さて、来日した孤児の子孫の一人がワルシャワ在住のルーカス・グラボウスキ氏。

　同氏は一九九七年生まれ。ワルシャワ工科大学の学生だった二〇一八年夏、当時二十一歳だった彼は国際NGO（非政府組織）の紹介で神奈川県藤沢市にある計測制御機器メーカーで三カ月間のインターンシップ（就業体験）生活を送ることになった。紹介されたのは世界各国の複数のメーカーだったが、「どうせ行くなら滅多に行く機会がない極東の日本がいい」と考え、日本の会社を選んだのだ。

　日本に行くことを親戚のおじさんに伝えたところ、意外なことを聞いた。およそ百年前、酷寒のシベリアに取り残されていた多くのポーランド人孤児たちが日本に救出され祖国に帰ることができたのだが、その中の一人が曾祖父だったというのだ。当時八歳だった曾祖父の名前はヤン・ヤンコフスキ。ヤンは二人の兄弟とともにロシアのウラジオストクから敦賀に渡り、大阪での生活を経て無事祖国に戻ることができたのだという。

その事実を親戚のおじさんに伝えたのは彼の母親だった。母親のブロニスワヴァもシベリア孤児だったが、幼すぎて日本に来ることができなかった。しかし幸運にもその後ポーランドに帰国、ヤンを含めた兄弟三人が日本に渡航したことを息子に何度か話していたのだ。そしてその親戚のおじさんはルーカス氏に「日本に行ったらヤンが滞在した場所を訪ねてほしい」と頼んだのだ。

二〇一八年八月に来日したルーカス氏は翌九月に東京の日本赤十字社を訪ねた。日赤には当時の孤児たちの写真がたくさん残されていた。

そして翌十月二十二日、同氏は敦賀市の「人道の港　敦賀ムゼウム」へ。西川明徳館長から資料の説明を受け、孤児たちのリストを見て驚いた。曾祖父と二人の兄弟、さらには曾祖父の従兄弟たちの名前もあったからだ。

曾祖父の兄弟の一人は兄のスタニスワフ・ヤンコフスキ、日本に来た当時十一歳。もう一人は姉のヘレナ・ヤンコフスカで当時九歳。またヤンの従兄弟であるチェスワフ・ヤンコフスキ（同十歳）とヴァンダ・ヤンコフスカ（同八歳）の名前もあった。

福田会のインタビューでルーカス氏は、自分の家族が大きな歴史の一部だったことを知ったときの驚きをこう語っている。

「私にとって自身の家族の歴史、特に一九〇〇年代初めの歴史は苦難に満ちたものでした。その一方で、時代背景に鑑みれば、これは平凡なことであるとも思っていました。ですから、このような記憶するに値する大切な事実があったということは驚きでした。
もちろん、幸せなことばかりではありませんでしたから、嬉しかったとは言い難いです。しかし、この事実が忘れ去られずに掘り起こされたということはとても幸運だったと感じています。事実を知った身として責任を感じていますし、つながりを未来に生かしていきたいと感じています」

「私にとって百年前の史実を記憶することもたいへん大切ですが、それと同時にこの歴史をスタート地点とし、両国の将来にポジティブな影響をもたらすことがとても大事であると考えています。些細なことしかできなかったとしても、歴史を知ることでより多くの人が日本に興味を持ち、両国関係を近づけるきっかけになればと思っています。私自身、少しでもこういった活動に寄与できればと思い、日本語を習い始めました」（二〇二〇年十月二十五日のインタビュー。「FUKUDENKAI TIMES」二〇二〇年十一月号）

ナチスに処刑された曾祖父

同インタビューの中で、ルーカス氏は「曾祖父のヤンは第二次世界大戦の際に三十一歳の若さで亡くなっている」と述べている。亡くなった状況が気になったので福田会を通してルーカス氏に聞いてみると、こんな回答だった。

「ヤンは兵士で、彼の部隊は敗北したため、彼は降伏して拘留されました。ナチスは彼や他の人々を、（ルーカス氏の）故郷のWiznaの近くの東部戦線において防壁のようなものを建てるために使役していました。ある日、何人かのポーランド兵士たちが拘留施設から逃げ出した際、ナチスはヤンを含む数名を罰として処刑しました。おそらく一九四四年のことだったと思います」

Wizna（ウィズナ又はビズナ）というのはポーランド北東部にある町で、首都ワルシャワからおよそ百七十キロ北東にある。町にはポーランド第五位の長さであるナレフ川が流れている。ナレフ川はポーランド最長のヴィスワ川の支流だ。このあたり一帯は第二次大戦当時、要塞化された防衛地帯で、ウィズナはその中心だった。

ドイツ軍は一九三九年九月一日、宣戦布告なしにいきなりポーランドに侵攻したあと、九月七日から十日にかけてこの地でポーランド軍と対峙した。「戦車電撃戦」で有名なハインツ・グデーリアン将軍率いる四万人を超える圧倒的な兵力で襲いかかるドイツ軍に対し、掩蔽壕《えんぺいごう》（銃撃から身を守るための施設・バンカー）に立てこもったポーランド軍はわずか七百二十人で三日間も持ちこたえた。この戦いでポーランド兵のほとんどは殺され、仲間のポーランド軍と合流できた一部を除き、およそ四十人が捕虜となっている。ポーランド軍の指揮者ヴワディスワフ・ラギニス大尉は手榴弾で自決した。享年三十一歳。これが名高いウィズナの戦いである。

ウィズナの戦いでは敗れたものの、周辺ではさらにドイツ軍に対するポーランド軍の戦いが断続的に続いた。

そんな中、第二次世界大戦の大きな転換点となる事態が起きた。

ドイツとソ連は一九三九年八月二十三日に独ソ不可侵条約を締結していた（本書第七章）が、一九四一年六月二十二日、ヒトラーはこれを破棄してソ連と開戦（バルバロッサ作戦）したのだ。ヒトラーはもともとボルシェビズム（マルクス・レーニン主義）打倒をナチスのスローガンに掲げており、ソ連を倒す機会をうかがっていたのだが、イギリス本土上陸作戦（アシカ作戦）が無期延期になったのを機に攻撃の矛先をソ連に向けたのである。

前述の独ソ不可侵条約の秘密議定書（本書の第七章。一九六頁）に従ってソ連がポーランドに侵攻したのは一九三九年九月十七日。以降、ソ連はポーランド東部を占領していたが、バルバロッサ作戦の過程でドイツ軍によってポーランドから追い出された。

ドイツ軍は当初、ソ連に対して有利な戦いを続けていたが、史上最大規模の市街戦であるスターリングラード攻防戦（一九四二年六月二十八日～一九四三年二月二日）での敗北を機に劣勢が明らかになり、一九四三年以降は東部戦線の主導権を失って行く。東部戦線というのは東ヨーロッパ地域の戦場のことで、現在の国名でいうとポーランド、ハンガリー、チェコ、スロバキア、バルト三国、それにロシアなどだ。

ルーカス氏の曾祖父であるヤン・ヤンコフスキの部隊がいつ、どの戦闘でドイツ軍に敗れて捕虜になったのか、詳しいことはわからない。

しかし一九四三年以降ドイツ軍が東部戦線の主導権を失い、翌一九四四年夏にはソ連がドイツ軍を駆逐して再びポーランド東部を取り戻したこと、またヤン・ヤンコフスキの息子の年齢（ヤンがナチスに殺された一九四四年時点で一歳半だった。ルーカス氏の祖父）を考え合わせると、ヤンが拘束され捕虜になったのはおそらく一九四三年後半から一九四四年前半であろう。独ソ戦でナチスが劣勢になったのを知り、当時ポーランド全土を占領していたナチスに対して決死の戦いを挑んだのではないだろうか。

ドイツ軍はソ連の赤軍が再度ポーランドに進攻してくることを見越してウィズナの要塞を強化しようとしていた。ルーカス氏が「（曾祖父は）防壁のようなものを建てるために使役された」というのは、ソ連軍の進攻に対してドイツ軍が作っていた防壁だったのだろう。もともとウィズナの要塞は東プロイセンからドイツ軍が入ってきたときにワルシャワを防衛する重要拠点の一つとしてポーランド軍が構想したもの（東プロイセンとの国境から三十五キロ）で、ドイツ軍はそれを利用して赤軍を食い止めようとしたものと思われる。

ルーカス・グラボウスキ氏の曾祖父ヤン・ヤンコフスキは八歳でシベリアから救出され祖国に戻ったものの、祖国防衛戦でナチスの捕虜になり、強制労働の末、「脱走したら仲間がこうなる」という見せしめのため三十一歳で処刑されたのである。帰国した孤児たちにはこんな過酷な運命が待っていたのだ。

父親の足跡をたどる

もう一人、日本にやってきたポーランド孤児の子孫を紹介したい。一九四八年にイングランドで生まれ、現在はカナダに住むポール・ヴォイダク氏。四歳の時にカナダに移住、大学で地質学を修めたあとカナダの企業に地質専門学者として二十年間勤務、その後はカナダ政府地域地質学者としてさらに二十年間勤務し、二〇一一年に引退した。金や銀、銅、モリブデン、亜鉛などの鉱床に関する書籍も出版している。退職後は妻のテレサさんと国内・海外旅行を楽しんでいる。また現在はシベリア孤児であった父親に関する調査・執筆も進めているという。

その父親の名前はヴワディスワフ・ヴォイダク。ヴワディスワフは七歳のとき日本に救出され、シベリアから敦賀、東京（福田会）を経てポーランドに帰国した。シベリア孤児として日本に渡ったヴワディスワフだが、シベリアでの体験を息子のポール氏に語ったことはほとんどなかった。

福田会のインタビュー（二〇二〇年十二月十七日）でポール氏はこう述べている。

「父は六、七歳の頃に両親をシベリアで亡くしており、ロシアやシベリアに関する話をしているのを聞いたことがありません。

当時の話について、私が若い時にいちど父に尋ねてみたことがありますが、ほとんど何も話すことができない様子でした。父の身体はこわばり、目がうつろな状態でした。父は両親の死について、電車の事故だと話していましたが、きっとそれ以上の何かがあったのだと思います。

今となっては、父は心的外傷後ストレス障害（PTSD）だったのだろうと思いますが、当時は誰もそのような病気の存在を知りませんでした。彼の心が過去のつらい記憶をすべて封じ込めていたため、そういった話をしなかったのでしょう」（「FUKUDENKAI TIMES」二〇二一年一月号）

二〇〇一年、ポール氏はインタネットで父に関する調査をしていたところ、ワルシャワ在住の日本人ジャーナリスト・松本照男氏の存在を知る。松本氏にシベリア孤児のことをいろいろ教えてもらい、『極東の叫び』（本書の第四章、一一〇頁参照）のコピーを送ってもらってシベリア孤児が福田会に滞在していた時の様子なども詳しく知った。ポール氏の父親は福田会の世話になり、福田会で怪我の治療を受けた際の小さな傷が父親の背中に残っていたという。

幼少の頃のことをほとんど話さない父親だったが、子息のポール氏が十歳か十一歳の時、きわめて印象的な出来事があった。

「当時の私は、父がどうして日本にいたのか、それは本当の話なのかと不思議に思っていました。

ある日の午後、家のガス炉を修理するために修理工が来ました。その修理工は日本人でした。父は修理の様子をそばでずっと見ていました。私も近くにいましたが、何を話しているかまでは聞こえませんでした。

修理が終わり、修理工が帰る準備をしているとき、突然父が「気をつけ」の姿勢をとり、日本語で歌い始めたのです。驚きました。

あとで父が、これは日本の国歌だと教えてくれました。そして、日本語で一から十まで数えてみせました。母が仕事から帰ってくると、父は誇らしげに「日本人の修理工が、私の歌は完璧だったと言った」と母に報告していました。

この日は私にとって、とても重要な日となりました。父が本当に日本にいたのだと確信できたからです。

今となっては、あの日本人男性の人柄や、日本人の生来の特質が父の心の中の記憶を解き明かしたのだと思います。それまで、父は記憶のありかを見失っていたのではないかと。」(同前)

ウッジの六月蜂起

カナダに移住したのは母の希望だった。戦争とヨーロッパから離れたいと考えた母は父を説得し、カナダ移住を実現させたのだという。ポール氏はさらにこう述べている。

「父の身に起こったことを理解するために、ポーランドの歴史をたくさん学びました。多くのポーランド人が百年以上にわたってシベリアに追放され、ロシアの支配に反対したため強制労働収容所に送られました。たいていの場合、家族全員で、です。刑期を終えても、ポーランドへの帰国が許されない場合もありました。

父は一九一二年、シベリアのノヴォシビルスクで生まれました。第一次世界大戦前なので、父の両親は一九〇五年の反乱に参加して追放された可能性もあります。あるいは一世代前、父の祖父母が一八六三年の暴動に加わっていたかもしれません。新しい手掛かりはなく、これ以上手がかりを見つけるのは不可能に近いと思っています」（同前）

ヴォイダク氏の父親はなぜシベリアで生まれたのか。父の祖父母が加わっていたかもしれない一八六三年の暴動というのは第三章（五七～五九頁）で触れた一月蜂起のこと。ロシアからの独立を求めて大勢の人たちが蜂起に加わったが、十八カ月間に亘る戦いののち鎮圧された。およそ八万人のポーランド人が捕虜になり、その大半はシベリアでの強制労働に従事させられたのは前述の通り。

また一九〇五年の反乱というのは「ウッジの蜂起」のことである。

ウッジ（ウッチとも）市はポーランド中部、ワルシャワの南西約百三十キロにある繊維工業の盛んな街で、「ポーランドのマンチェスター」と呼ばれる。現在はワルシャワ、クラクフに次ぐポーランド第三の都市（第二次大戦時はポーランド第二の大都市）で、文教の中心でもある。博物館や劇場はもちろん、総合大学や工業大学、さらにアンジェイ・ワイダやロマン・ポランスキーなどの監督を輩出した映画学校など、演劇、教育、医学などの高等教育機関も多い。

繊維工業の盛んな都市だけに昔から労働運動も活発で、一八九二年にはポーランド最初のゼネスト（ゼネラルストライキ）が行われたことでも知られる。

ポーランドにおける労働運動の中心地というべきそのウッジで、一九〇五年に大規模な暴動が起きた。当時は三度に亘る分割でポーランドは消滅（第二章）し、ロシア領としての存在にすぎなかったが、同年、ロシアに対する抗議として大規模なストライキやサボタージュが起きたのだ。

きっかけになったのは一九〇五年一月二十二日、「血の日曜日事件」を発端とするロシア第一次革命。労働者の権利や各種の自由権、それに前年から始まっていた日露戦争中止を求めてロシア帝国の首都・ペテルブルクで穏健な行進・請願デモが行われたのだが、そこへ軍が発砲して千人とも四千人ともいわれる市民が殺された。この事件で民衆のロシア皇帝に対する親愛・尊敬の念はふっ飛んでしまった。

ニュースはその革命精神とともにすぐさまポーランドに伝わり、やはり日露戦争のため十万人以上の労働者が職を失っていたポーランド全土でロシアに抗議するデモやストライキが起き始めた。前述のように労働運動の中心であるウッジでも激しいデモ・ストライキが頻発、一九〇五年六月二十三日には統治していたロシアの軍と警察が労働者たちに発砲し、ポーランド人数百人が殺されたのである。これが「ウッジの蜂起」で、別名「六月蜂起」とも呼ばれる。父の両親はこの蜂起に参加して逮捕され、シベリアに送られたのかも知れないというのだ。

シベリア孤児だった父の足跡を探ることで、ポール・ヴォイダク氏はこうした悲劇的なポーランドの歴史、そして過酷な運命を生きた祖先たちのことを知り、深く考えるようになったのだ。

ヴェイヘローヴォ会議

ポール・ヴォイダク氏も先に紹介したヤドヴィガ・ロドヴィッチ＝チェホフスカ駐日ポーランド大使同様、シベリア孤児たちが東京・福田会に滞在したことは知っていたが、まさか福田会がいまだに存在しているとは思わず、同会について調べようとはしなかった。

しかし二〇一九年にポーランドへ旅行した際、ヴェイヘローヴォ（ヴェイヘロヴォとも表記）での会議で「人道の港　敦賀ムゼウム」の西川明徳館長に会い、福田会がまだ存続していることを知らされた。また連絡先も教えてもらい、そのことが福田会への訪問につながった。

ヴェイヘローヴォは第六章で紹介したようにポーランドに無事帰国した孤児たちが過ごした施設で、現在も学校として使われている。レンガ造りの重厚な建物で、館内にはシベリア孤児が滞在した当時の資料が展示されている。また一九九五年の阪神淡路大震災で被災した日本の児童たちがポーランドに招待され、同地を訪れた際の写真も残されている。

ヴォイダク氏が参加した会議というのは二〇一九年九月二十五日、ヴェイヘローヴォ特別支援教育センターで開かれたシベリア孤児に関するもので、日本・ポーランド国交百周年記念の催しであった。町長の挨拶に続いてヴィエスワフ・タイス氏（ポーランド国立特殊教育大学教授）と松本照男氏（ポーランド在住のジャーナリスト＝前記）の記念講演が行われた。両氏はシベリア孤児の研究を長年続けてきたことで知られる。

元ワルシャワ大学教授でもあるタイス氏の講演タイトルは『シベリアに行ったポーランド人。シベリアの子どもたちのポーランドへの道－旅の地図』というもの。また松本照男氏のそれは『日本へやって来たポーランドの子どもたち』だった。また西川館長の「敦賀ムゼウム」の説明のあと、エヴァ・ミシエヴィチ監督の映画『シベリアの夢』も上映された。本書第九章（二五四頁）で説明したシベリア孤児をテーマにしたドキュメンタリー映画だ。

映像といえば福井テレビが開局（一九六九年）五十周年記念番組として『未来に伝えたい100年前のニッポン人～ポーランド孤児救出の軌跡』を制作、孤児受け入れから百周年に当たる二〇二〇（令和二）年八月十五日にBSフジで全国放送している。この番組は第二十九回FNSドキュメンタリー大賞にノミネートされた。孤児の記録と記憶を後世につないでいこうという試みは日本、ポーランド両国で続いているのだ。

ヴォイヘローヴォ会議から一カ月半後の同年十一月八日、タイス教授と松本照男氏は「ムゼウム」のある敦賀市を訪れている。

そして孤児の日記など四十年に亘って収集した二百点以上のシベリア（ポーランド）孤児に

関する資料を「敦賀ムゼウムで展示し、多くの人たちに見てもらいたい」と市に寄贈した。

具体的には①ポーランド孤児救済を訴えるビラ。これは一九二〇年に「波蘭児童救済会」が発刊したものだ。②雑誌『極東の叫び』全十冊（一九二一年九月～一九二二年五月）。『極東の叫び』については第四章（一〇九頁）で紹介した通りだ。③孤児の一人であるヴェロニカ・ブコビンスカの日記（本書第五章一二七頁参照）と関連資料。④孤児へのインタビュー記録及び回想録等。⑤孤児関連の写真。

これらは現在、すべて「敦賀ムゼウム」に展示されている。

この「敦賀ムゼウム」は二〇二〇（令和二）年十一月三日、旧ムゼウムの近くで全面リニューアルオープンしている。展示スペースは従来の約四倍になり、杉原千畝とユダヤ人難民のコーナーなどと同様、ポーランド孤児のコーナーも格段に拡充された。ことにポーランド孤児（シベリア孤児）に関しては世界唯一の施設だけに、「敦賀ムゼウム」の存在はきわめて貴重といっていいだろう。孤児たちの物語は日本とポーランドの結びつきの強さを示すものでもある。平和とは何かを考え問い直す縁《よすが》として、一人でも多くの人に足を運んでもらいたいと願ってやまない。

引用および参考文献

『敦賀市史　通史編　上巻』敦賀市史編さん委員会、一九八五年
『敦賀市通史』敦賀市教育委員会事務局、一九五六年
『敦賀市教育史　人物編他』敦賀市教育史編さん委員会、二〇〇四年
『敦賀の歴史』敦賀市史編さん委員会、一九八九年
『ふるさと敦賀の回想』写真集編集委員会、一九八七年
『人道の港　敦賀』日本海地誌調査研究会敦賀上陸ユダヤ難民足跡調査プロジェクトチーム、二〇〇七年
『欧亜の架け橋――敦賀』涛声学舎、二〇〇八年
井上脩『敦賀へ上陸したシベリア放浪ポーランド孤児』日本海地誌調査研究会、二〇〇〇年
伊藤明『記録　ユダヤ難民に〝自由への道〟をひらいた人々』（日本交通公社『観光文化』第150号、151号）、二〇〇六年
曽我誉旨生『時刻表世界史』社会評論社、二〇〇八年
原暉之『ウラジオストク物語』三省堂、一九九八年
杉原幸子『六千人の命のビザ』（新版）大正出版、一九九三年
渡辺勝正『真相・杉原ビザ』大正出版、二〇〇〇年
中日新聞社会部『自由への逃走』東京新聞出版局、一九九五年
ベルント・シラー（田村光彰、中村哲夫訳）『ユダヤ人を救った外交官――ラウル・ワレンバーグ』明石書店、二〇〇一年
イェジ・ルコフスキ、フベルト・ザヴァツキ（河野肇訳）『ポーランドの歴史』創土社、二〇〇七年
アンジェイ・ガルリツキ（渡辺克義、田口雅弘、吉岡潤監訳）『ポーランドの高校歴史教科書　現代史』明石書店、二〇〇五年
工藤幸雄『ワルシャワ物語』日本放送出版協会、一九八〇年
渡辺克義編著『ポーランドを知るための60章』明石書店、二〇〇一年
樺山紘一ほか編『岩波講座世界歴史17』岩波書店、一九九七年
遠山一行『ショパン』講談社学術文庫、一九九一年
バルバラ・ソモレンスカ＝ジェリンスカ（関口時正訳）『決定版　ショパンの生涯』音楽之友社、二〇〇一年
ウイリアム・マアドック（大田黒元雄訳）『ショパン評伝』音楽之友社、一九五二年
福島安正校閲、西村時彦編（明治二十七年六月）『単騎遠征録』（『明治シルクロード探検紀行文集成　第12巻』ゆまに書房所収）、一九八八年
福島安正『単騎遠征』中野好夫ほか編（『世界ノンフィクション全集　3』筑摩書房所収）、一九六〇年

東海散士『佳人之奇遇』（大沼敏男ほか校注『新日本古典文学大系　明治編17』の『政治小説集二』岩波書店所収）、二〇〇六年
『二葉亭四迷全集　第六巻』岩波書店、一九六五年
F・クプチンスキー（小田川研二訳）『松山捕虜収容所日記』中央公論社、一九八八年
中村喜和、長縄光男、ポダルコ・ピョートル編『異郷に生きるV』成文社、二〇一〇年
柴五朗述、大山梓編『北京籠城』平凡社、一九六五年
よしだみどり『知られざる「吉田松陰伝」』祥伝社、二〇〇九年
森まゆみ『女三人のシベリア鉄道』集英社、二〇〇九年
山中文夫『シベリア五〇〇年史』近代文芸社、一九九五年
細谷千博『シベリア出兵の史的研究』岩波現代文庫、二〇〇五年
外務省記録『変災及救済関係雑件　（別冊）波蘭孤児救済方ノ件』（外交史料館所蔵）
外務省記録『各国少年団及青年団関係雑件　第二巻』（外交史料館所蔵）
『波蘭国児童救済事業』日本赤十字社、一九二三年
『日本赤十字社史続稿　下巻』日本赤十字社、一九二九年
『赤十字の旗なにわに百年』日本赤十字社大阪府支部、一九八九年
中垣紀子編『「第一次世界大戦後に置ける日本赤十字社のポーランド戦災孤児救済活動」に関する研究報告書』日本赤十字社豊田看護大学、二〇〇八年
ヴィクトル・カルボスキ『波蘭児童救済会の事業沿革』波蘭児童救済会、一九二一年
松本照男、ヴィエスワフ・タイス『Dzieci syberyjskie シベリア孤児』二〇〇九年ワルシャワで発行
松本照男「大正九年　シベリア孤児救済秘話」（雑誌『Voice』昭和五十八年十一月号所収）
松本照男「ポーランドのシベリア孤児たち」（雑誌『ポロニカ』一九九四年第五号所収）
梅本浩志、松本照男『ワルシャワ蜂起』社会評論社、一九九一年
兵藤長雄『善意の架け橋』文藝春秋、一九九八年
手島悠介文・吉田純絵『日本のみなさん　やさしさをありがとう』講談社、二〇〇〇年
エヴァ・パワシュ＝ルトコフスカ、アンジェイ・タデウシュ・ロメル（柴理子訳）『日本・ポーランド関係史』彩流社、二〇〇九年
田村和子『ワルシャワの日本人形』岩波ジュニア新書、二〇

○九年
三島通陽『戦時下の世界青少年運動』日本評論社、一九四〇年
佐藤繁彦『宗教巡礼』ルッター研究会、一九二五年
守屋長、織田寅之助『野の国ポーランド』帝国書院、一九四九年
『政治記者OB会報』(第90号)政治記者OB会、二〇〇五年
『今日のソ連邦 32巻6号』(一九八九年三月十五日発行)在日ソ連大使館広報部
松田重夫『評伝勝田銀次郎』青山学院資料センター、一九八〇年
哈爾濱学院史編集室『哈爾濱学院史』国立大学哈爾濱学院同窓会、一九八七年
西園寺公一『西園寺公一回顧録「過ぎ去りし、昭和」』アイペックプレス、一九九一年
種村佐孝『大本営機密日誌』ダイヤモンド社、一九五二年
東郷茂彦『祖父東郷茂徳の生涯』文藝春秋、一九九三年
豊田穣『松岡洋右』新潮社、一九七九年
原奎一郎編『原敬日記』乾元社、一九五〇年
森元治郎『ある終戦工作』中央公論社、一九八〇年
本間精一『ポーランド未だ滅びず』東洋出版、一九九八年
近藤二郎『コルチャック先生』朝日新聞社、一九九〇年
ヴィクトル・ザスラフスキー(根岸隆夫訳)『カチンの森』みすず書房、二〇一〇年
小崎登明『長崎のコルベ神父』聖母の騎士社、一九八三年
ダイアナ・デュア(山本浩訳)『コルベ神父』時事通信社、一九八四年
児島襄『第二次世界大戦 ヒトラーの戦い3』小学館、一九七九年
ルイス・L・スナイダー(加瀬俊一、加瀬英明訳)『戦争ワルシャワから東京まで』人物往来社、一九六二年
渡辺克義『カチンの森とワルシャワ蜂起』岩波書店、一九九一年
ウワディスワフ・シュピルマン(佐藤泰一訳)『戦場のピアニスト』(新装版)春秋社、二〇〇三年
スタニスワフ・ミコワイチク(広瀬佳一、渡辺克義訳)『奪われた祖国ポーランド ミコワイチク回顧録』中央公論新社、二〇〇一年
飯山幸伸『英独航空戦』光人社、二〇〇三年
『戦争と子ども』グリーンピース出版会・KAW、一九八八年
アンジェイェフスキ(川上洸訳)『灰とダイヤモンド』岩波文庫、一九九八年
ボレスワフ・ミハウェック(今泉幸子、進藤照光訳)『静かな

る炎の男　アンジェイ・ワイダの映画』フィルムアート社、一九八四年
落合直文『騎馬旅行』（リプリント日本近代文学172）、国文学研究資料館、二〇〇九年

辞典・事典

『国史大辞典』国史大辞典編集委員会編、吉川弘文館、一九七九～九七年
『平凡社大百科事典』平凡社、一九八四～八五年
『広辞苑（第五版）』岩波書店、一九九八年
『新装新訂　マイペディア　小百科事典』平凡社、一九九五年
『20世紀全記録』講談社、一九八七年
『東欧を知る事典新訂増補』伊藤孝之ほか監修、平凡社、二〇〇一年
『日本外交史辞典』外務省外交史料館、日本外交史辞典編纂委員会、山川出版社、一九九二年
『岩波　西洋人名辞典増補版』岩波書店編集部編、岩波書店、一九八一年
『コンサイス人名辞典　日本編』三省堂編修所編、三省堂、一九七六年

新聞

『朝日新聞』
『読売新聞』
『毎日新聞』
『日本経済新聞』
『中日新聞』
『福井新聞』
『北海道新聞』
『北海タイムス』
『信濃毎日新聞』

その他

『博愛』（日本赤十字社機関誌）
松本照男作成『ポーランドのシベリア孤児』（二〇〇二年）
天皇皇后両陛下同行記者団用プレス資料

写真協力・出典

日本赤十字社
『ポーランドの高校歴史教科書：現代史』アンジェイ・ガルリツキ著／渡辺克義、田口雅弘、吉岡潤監訳、明石書店、二〇〇五年
『ポーランド・ウクライナ・バルト史』伊東孝之・井内敏夫・中井和夫編、山川出版社、一九九八年

	8.6	広島に原爆投下
	8.9	長崎に原爆投下
	8.15	日本降伏により第二次世界大戦終結
1952（昭和27）年	7月	ポーランド人民共和国憲法成立
1956（昭和31）年	10月	野口芳雄、日ソ国交正常化交渉全権委員随員として訪ソ
1957（昭和32）年	2.8	日本・ポーランド国交回復
1979（昭和54）年		カンピノスの森にイエジキ部隊の記念碑完成
1981（昭和56）年？		野口芳雄、元孤児たちの招待で夫人とともにポーランドを訪問
1982（昭和57）年	10月	コルベ神父、聖者に列せられ「聖マクシミリアン」に
1983（昭和58）年	10.26	イエジがリバウコとともに来日、「ありがとう」
1989（平成1）年	11月	ベルリンの壁の取り壊しが始まる
	12.29	ポーランド、自由主義国「ポーランド共和国」に国名変更
1991（平成3）年	12.26	ソ連解体
1995（平成7）年	1.17	阪神淡路大震災
	7月	神戸の被災児童をポーランドが招待
1996（平成8）年	7月	二回目の招待で、被災児童たちが元ポーランド孤児たちと対面
1999（平成11）年	7月	ジェチ・プオツカ少年少女舞踊合唱団来日、元ポーランド孤児たちのメッセージを伝える
2002（平成14）年	7.13	元孤児ら、ポーランド訪問中の天皇・皇后両陛下と対面

	9.30	ワルシャワ亡命政府、パリで成立（翌年６月、ロンドンに移る）
	10月	イエジら元孤児たちが「極東青年会」を「特別蜂起部隊イエジキ」と変え、ドイツに抵抗
1940（昭和15）年	7月~8月	杉原千畝（カウナス領事館）、自分の意思でユダヤ系難民に大量のビザを発行
	9.27	日独伊三国同盟調印
1941（昭和16）年	4.13	日ソ中立条約締結
	6.22	独ソ戦が始まり、旧ポーランドは全域がドイツに占領される
	7月	コルベ神父がアウシュビッツで身代わりとなり「餓死刑」を申し出る
	8.14	コルベ神父死去
	12.8	太平洋戦争開始（真珠湾攻撃）
1942（昭和17）年	2月	ポーランド亡命政府、国内軍ＡＫを結成
	8月	ヤヌシュ・コルチャックと200人の子供たちがトレブリンカ絶滅収容所で殺される
1943（昭和18）年	1月	ドイツ、スターリングラードでソ連に大敗
	4月	カチンの森でポーランド将校多数の死体が見つかる
	4.19	ワルシャワ・ゲットー蜂起（～５月16日）
	9月	イタリア降伏
1944（昭和19）年	8.1	ワルシャワ蜂起
	8月	イエジキ部隊、地下水道を通ってワルシャワ郊外カンピノスの森に向かうが、戻れず苦戦
	10.2	ワルシャワ蜂起軍降伏
1945（昭和20）年	1.17	ソ連軍がワルシャワを解放
	2.4	ヤルタ会談
	5.8	ドイツ軍降伏。愛人のエバ・ブラウンとともにヒトラー自殺

	10月	日本軍がシベリアから撤兵
1923（大正12）年	4月	孤児たち、祖国のヴェイヘローヴォ孤児院に
	9.1	関東大震災
1929（昭和4）年	10月	世界恐慌始まる
1930（昭和5）年	2月	イエジ・ストシャウコフスキらが「極東青年会」を結成
	4月	コルベ神父がゼノ修道士らとともに長崎に
1931（昭和6）年	9.18	満州事変
1932（昭和7）年	3.1	満州国成立
	5.15	五・一五事件で犬養首相射殺される
	7月	ポーランド、ソ連と不可侵条約締結
1933（昭和8）年	1月	ドイツでナチス党党首ヒトラーが首相に
	3月	日本が国際連盟を脱退
1934（昭和9）年	1月	ポーランドとソ連、10年間の不可侵条約
1936（昭和11）年	2.26	二・二六事件で斎藤内大臣、高橋蔵相らが殺害される
	5月	コルベ神父、教区変更でポーランドに帰国
1937（昭和12）年	7.7	盧溝橋事件。日中戦争始まる
	12月	南京大虐殺事件
1939（昭和14）年	5月	ノモンハン事件（～９月）
	8.23	独ソ不可侵条約締結（秘密議定書を含む）
	8.28	平沼騏一郎内閣、「欧州の天地は複雑怪奇」と声明を出し総辞職
	9.1	ドイツ軍がポーランドを電撃侵攻
	9.3	英仏、対独宣戦布告
	9.17	ソ連が突如ポーランドに侵攻。ポーランドはドイツ・ソ連の占領下に置かれ、世界地図上から姿を消す（第４次ポーランド分割）
	9月	イエジ・ストシャウコフスキ、首都防衛戦に従事
	9.27	ワルシャワ陥落

関連年表

1904（明治37）年	2.10	日露戦争始まる（～1905）
		ロマン・ドモフスキ、ユゼフ・ピウスツキ来日
1914（大正3）年	7.28	第一次世界大戦勃発（～1918）
1917（大正6）年		二月革命、十月革命を経て11月ソビエト政権成立
		シベリアのポーランド人、赤軍に追われて難民化
1918（大正7）年	8月	日本と英仏米、シベリアに出兵
	10.10	アンナ・ビエルケヴィチ「波蘭救済委員会」設立
	11月	コルチャーク、反革命政権樹立
	11.11	第一次世界大戦終わる
		ポーランド共和国が独立宣言
1919（大正8）年	3月	日本・ポーランド国交樹立
	6月	連合国とドイツが講和条約（ベルサイユ条約）締結
1920（大正9）年	3月	尼港事件起きる（～5月）
	4月	ポーランド、ソビエトと戦争開始
	6月	ビエルケヴィチ女史来日、孤児救済を要請。日本赤十字社が救済決定
	7.20	第1回目の孤児救済開始。5次にわたり計375人を救済。孤児たちは東京へ
	9月	孤児たち、横浜から米国を経由してポーランドに（～1921）
1921（大正10）年	3月	ポーランドとソビエトが停戦
1922（大正11）年	3月	アンナ・ビエルケヴィチが再来日。日赤、再度孤児救済を決定
	8.5	第二回目のポーランド孤児救済開始。大阪の市立公民病院看護婦寄宿舎へ孤児たちを収容
	8.25と9.6	救済された孤児計390人が2回に分けて神戸港を出港、英国経由でポーランドに

あとがき

本書を最初に書き上げたのは十年前の二〇一一（平成二十三）年夏である。この年の三月十一日に起きたのが東日本大震災で、恐らくそのせいだろう、この年の夏、近所の蝉がまったく鳴かなかった。「消えた蝉」に気づいた人は他にもいると思うが、とにかく例年の夏とは異なる異様な静寂の中でポーランド孤児の原稿を書いた記憶がある。

福島第一原発の臨界事故を受けて同日夕刻には「原子力緊急事態宣言」が発令された。以降、原発周辺の住民に対しては数次に亘って避難指示が出され、いまだに故郷に帰れない人も多い。多くの日本人はもう忘れているようだが、この「原子力緊急事態宣言」は十年後の今日に至るまで解除されていない。

同年五月二十三日、参議院の行政監視委員会に四人の識者が参考人招致されたが、そのうちの一人、京大原子炉実験所助教の小出裕章氏の発言が脳裏にこびりついている。同氏はこう述べた。

「事故の本当の被害はどのくらいになるのかと考えると途方に暮れます。福島県全域の土地を放棄するほどになります。それを避けようとすれば、住民の被曝限度を引き上げるしかありませんが、そうするとさらに被曝が強制されます。一次産業はものすごい苦難に陥るでしょう。

住民は故郷を追われ、生活は崩壊するでしょう。東電が賠償するといっても、何度倒産しても足りません。日本国が倒産しても償いきれないほどの被害が出るでしょう」

原発事故後から四日後の三月十五日、小出氏は東京で空気中の放射性核種を採取している。検出したのは放射性ヨウ素とセシウム、テルルだが、一立方メートルあたり数百ベクレルのものもあった。これはチェルノブイリ事故のとき東京で検出された量の約千倍。このデータを公表しようとしたら上司から「パニックを煽ることになる」と反対されたという。たしか六月十五日だったと思うが、筆者はその小出氏に電話して東京で採取した放射性核種のデータを送ってもらった。

はっきりとは自覚していなかったが、いま考えると故郷を追われた福島の人たちと祖国を奪われたポーランドの人たちの悲劇を、心の中で無意識に重ね合わせて原稿を書いていたのではないかと思う。

今回の増補・改訂版では前の本の修正すべき個所を修正し、その上で新たに一章分を書き加えた。

シベリア孤児記念小学校の件は日本人として少し気恥ずかしいものの、生徒たちを前にイエジキ部隊にまで言及した校長先生のスピーチはすばらしいものだった。またポーランド孤児の子孫が来日していることに触れることができたのも収穫だった。

父親の心的外傷後ストレス（ＰＴＳＤ）について子息のポール・ヴォイダク氏が言及したの

はきわめて貴重だし、またルーカス・グラボウスキ氏から曾祖父のヤン・ヤンコフスキがナチスに殺されたという事実を知らされたのも衝撃的だった。イエジキ部隊に参加した大勢の若者たちが命を落としたことは本書で述べた（第八章）通りだが、ワルシャワ以外の地方でもヤン・ヤンコフスキのような運命を辿った孤児は何人もいたと思われる。

本書は先達《せんだつ》諸氏の貴重な仕事がなければ完成できなかった。取材に応じてくれた多くの方々にも感謝したい。

そして今回追加した第十章の取材では福田会の土屋学常務理事、我妻みずき氏にお世話になった。ことに広報担当の我妻氏には何度も問い合わせを重ね、その都度速やかな回答を頂いた。謝意を表したい。

また現代書館の菊地泰博社長には増補・改訂版を書く機会を与えてもらった。改めて厚くお礼を申し上げる。

山田邦紀（やまだ　くにき）
一九四五年福井県敦賀市生まれ。早稲田大学文学部仏文科卒業。夕刊紙『日刊ゲンダイ』編集部記者として三十年間にわたって活動、現在はフリー。編著書に『明治時代の人生相談』（幻冬舎）他。共著に『東の太陽、西の新月──日本・トルコ友好秘話「エルトゥールル号」事件』、『明治の快男児トルコへ跳ぶ──山田寅次郎伝』、著書に『軍が警察に勝った日──昭和八年　ゴー・ストップ事件』、『岡田啓介──開戦に抗し、終戦を実現させた海軍大将のリアリズム』、『今ひとたびの高見順──最後の文士とその時代』（いずれも現代書館）がある。

ポーランド孤児・「桜咲く国」がつないだ765人の命〔増補改訂版〕

二〇二一年八月二十日　第一版第一刷発行

著　者　山田邦紀
発行者　菊地泰博
発行所　株式会社現代書館
東京都千代田区飯田橋三─二─五
郵便番号　102-0072
電　話　03（3221）1321
ＦＡＸ　03（3262）5906
振　替　00120-3-83725
組　版　デザイン・編集室エディット
印刷所　平河工業社（本文）
東光印刷所（カバー・帯・表紙・扉）
製本所　積信堂
装　幀　伊藤滋章

校正協力・迎田睦子

 ISBN978-4-7684-5906-5